Querverlag

René Oltmanns

Liebe auf ex!

Roman

Erste Auflage September 2007

Umschlag und grafische Realisierung von Sergio Vitale unter Verwendung einer Fotografie von getty images.

Druck und Weiterverarbeitung: Druckhaus Köthen
ISBN 978-3-89656-146-6
Printed in Germany

Bitte fordern Sie unser Gesamtverzeichnis an:
Querverlag GmbH, Akazienstraße 25, D-10823 Berlin
http://www.querverlag.de

Für Maren

Kapitel 1

Samstag. Ich bin heute Abend bei Christian zum Cocktailtrinken eingeladen. Das übliche Ritual. Christian lädt ein paar Leute zum „gehobenen Vorglühen" ein und dann ziehen wir weiter auf eine Party. Mittlerweile hat das Hamburger Nachtleben die schwule Szene ja auch abseits der einschlägigen Kneipen als konsumfreudige Klientel erkannt; fast jeder Club hat heutzutage dementsprechende Partys im Programm, nach dem Motto: jeden dritten Freitag schwule Tanznacht. Schwule sind meist gut situiert, nehmen in der Regel fünf mal ein letztes Bier und kommen garantiert in einem Monat wieder. Ein gefundenes Fressen also für jeden Eventmanager. Heute soll es dann mit Christian und Co. ins *Stern* gehen, jeden zweiten Samstag Gay-Night.

Es ist immer das Gleiche. Ständig nehme ich mir vor, gewaschene Hosen direkt zu bügeln. Stattdessen stelle ich beim Öffnen des Kleiderschranks fest, dass ich mich um weitere zehn Minuten verspäten werde, weil der Knitter-Look inzwischen ja auch wieder out ist.

Mich kurz hinzulegen war auch keine so gute Idee. Ein weiterer Lernprozess, dem ich bisher entsagt habe. Jedes Mal stelle ich mir den Wecker auf fünfzehn Minuten, wenn ich mir nachmittags ein kleines Nickerchen gönne, und in neun von zehn Fällen wache ich zwei Stunden später völlig verwirrt auf und erinnere mich nur dunkel an meinen benebelten Gang zum Wecker. Aber das wirklich Schlimme daran ist, dass man sich nach zwei Stunden Nachmittagsschlaf so fühlt wie irgendetwas, das in der grünen Tonne entsorgt werden müsste.

Eine kalte Dusche, das einzig wirksame Mittel.

Boom. Mal wieder. Das ließ auch schon viel zu lange auf sich warten. Nach einer Trennung gibt es schließlich Hunderte von versteckten Minenfeldern, die ohne Vorwarnung in Sekundenschnelle explodieren, vor allem zu Hause. Als ich den Wasserhahn aufdrehe und sich mein Duschschlauch mal wieder aus dem Schraubverschluss löst, denke ich an Andreas, dem das das letzte Mal auch passiert ist. Ich denke daran, wie wir gelacht haben, anschließend Wasser in die Badewanne gelassen haben und erst wieder herausgestiegen sind, als unsere Haut wie die einer englischen Dogge ausgesehen hat.

Solche Erinnerungen kommen. Immer wieder. Immer noch. Manchmal ist es schön, aber meistens schmerzhaft, weil die Lücke noch da ist, ich sie immer noch fühlen kann und Lücken zu schließen ist nicht leicht. Entweder helfen eine gute Ablenkung, schwierige Reflexionsprozesse, Verdrängung oder am Ende die Zeit.

Und viel Zeit ist vergangen. Ein halbes Jahr ist es jetzt her. Vor sechs Monaten und neun Tagen haben wir uns getrennt. Andreas und ich waren zweieinhalb Jahre zusammen. Es ist schon merkwürdig, dass eine beendete Beziehung, je mehr sie in die Vergangenheit rückt, immer schöner wird. Marie sagt, das menschliche Wesen sei darauf angelegt, mit der Zeit aus Erlebnissen nur das Gute herauszufiltern, das Schlechte würde man einfach ausschwitzen.

Nicht, dass wir keine schöne Beziehung hatten. Andreas ist ein wundervoller Mensch, attraktiv, humorvoll, ehrlich, die Verkörperung einer gelungenen Kontaktanzeige.

Aber offensichtlich standen wir ganz einfach in unterschiedlichen Spalten. „Mann sucht Mann“ kann mitunter ziemlich viele Unterrubriken haben. Und doch hat Andreas in meinem Leben die so wichtige Rolle der ersten großen Liebe übernommen. Er ist der Mann, den frühreife Klassenkameradinnen zu Hause schon mit fünfzehn kennengelernt haben, mit dem sie zwei bis sechs Jahre zusammen waren und dessen Foto ihre Kinder neben komischem Gummispielzeug lange Zeit später in der untersten Schublade in Mamis Nachttisch finden werden.

Die üblichen Ich-komm-drüber-weg-Affären liegen hinter mir; Steve und Oliver können wieder ihren Jobs als Fitnesstrainer nachgehen. Selbstverständlich in unterschiedlichen Studios. Organisation ist ja bekanntlich alles.

Ich dagegen bin inzwischen an einem Punkt angelangt, den ich noch nicht kannte: ein schwuler Single in Hamburg, halbwegs von der letzten Beziehung abgenabelt, auf der Suche und über den hiesigen schwulen Single-Markt zwar erschrocken, aber noch längst nicht bereit aufzugeben.

Während ich zu lautstarker Musik der *Sugababes* mit dem Bügeln meiner dunkelblauen Lieblingsjeans beschäftigt bin, frage ich mich, was man dabei eigentlich falsch machen kann. Es gibt das Bügeleisen und ein Brett. Alles, was man tun muss, ist, mit dem Ding über die Jeans zu gleiten. Aber wenn ich an die Bügelarbeit meiner Mutter denke, sieht die Hose immer noch aus wie frisch aus dem Trockner.

Egal, jetzt erst mal eine rauchen. Auf den Abend im *Stern* freue ich mich. Die Getränkepreise sind relativ niedrig, beziehungsweise ist die Chance relativ hoch, sich von einem Mann aus Elmshorn zu einem Drink einladen zu lassen. Mir deshalb Gewissensbisse einzureden, habe ich mir längst abgewöhnt. Es sind zwei Euro für ein Bier, keine Anzahlung auf ein Ferienappartement in Monaco und schließlich schwimme ich nicht im Geld. Sonst hätte ich auch schon längst eine Bügelhilfe eingestellt.

Diese Gay-Night im *Stern* zeichnet sich tatsächlich durch ihren großen Einzugskreis aus. Die Leute kommen aus allen Kleinstädten und vor allem aus sämtlichen einsamen Dorfgemeinden im Radius von einhundertfünfzig Kilometern um Hamburg.

Schwule auf dem Dorf. Für einen Großstädter ist so ein Leben unvorstellbar und gleicht eher einer Einzelhaft. Wenn auch Einzelhaft in grüner Lage und bei sauerstoffreicher Luft. Immerhin. Christian mag die „Dorfschwuppen", wie er sie nennt. Er sagt, die seien noch gänzlich unverdorben und erwarten bei ihrem *Stern*-Besuch das ganz große, besondere Abenteuer. Der Großstädter setzt sich da eher mit der Frage auseinander, in welchem schwulen Café man sich am Sonntagmorgen zum Brunch mit seinen Freunden trifft. Aber ist diese enorme Auswahl an Möglichkeiten in einer Großstadt wirklich ein Segen? Wenn du in Hamburg schwul bist, hast du die Möglichkeit, dein ganzes Leben darauf aufzubauen. Es gibt schwule Laufgruppen, Beziehungstherapeuten für gleichgeschlechtliche Paare, Stammtische für schwule Polizisten und mit Sicherheit bald das erste homosexuelle Seniorenheim. In Itzehoe gibt es dagegen neben dir noch zehn andere, offiziell natürlich. Der Itzehoer lebt also in der Woche ein völlig unschwules Leben. Ob er geoutet ist oder nicht, ein schwules Umfeld existiert nicht.

Viele Dörfler haben ja auch lange in einer Großstadt gewohnt und sind dann aus beruflichen oder anderen Gründen aufs Land gezogen, loben die Ruhe und Entspanntheit und haben, wie sie sagen, mehr „zu sich selbst" gefunden. Ist es also nur eine Frage der Zeit, bis sich die übersättigte schwule Großstadtgemeinschaft auf das umliegende Land verteilt? Die Betreiber der Rathauskeller und Kegelbahnen dürften sich jedenfalls über den steigenden Umsatz freuen.

Es ist 22.43 Uhr. Ab 22 Uhr hieß es in Christians SMS. Passt also. Ich sehe in den Spiegel. Es gibt ja so Tage, da stimmt einfach alles. Na ja, morgen vielleicht. Man sieht mir die zwei Stunden Nachmittagsschlaf schon noch an. Aber schließlich feiern wir im *Stern* und nicht in meinem hellbeleuchteten Treppenhaus. Das *Stern* ist dunkel genug und meine müde Augenpartie dürfte nicht weiter auffallen.

Wenn ich ausgehe, sehe ich – auf Maries Anraten- nach dem Verlassen der Wohnung nicht mehr in den Spiegel. Sie sagt, wenn man sich in einem Club gut fühlt, sollte man davon ausgehen, dass man mindestens genauso gut aussieht. Ist der Abend eine Pleite, macht es das besoffene Spiegelbild nicht besser.

Also mache ich mich auf die Socken. Mein Weg zur S-Bahn ist genau für eine Zigarette gemacht. Eigentlich eher für eine Halbe, aber als Raucher darf man nicht kleinlich sein. Na großartig, ich habe mein Feuerzeug in der Wohnung gelassen, also schnell noch mal rein, die nächste Bahn fährt erst in einer halben Stunde und das ist dann wirklich zu spät.

Nein. Es hilft nichts. Er ist nicht da und inzwischen ist mir auch eingefallen, dass er seelenruhig und mitnahmebereit auf meinem Telefontisch liegt. Mein Schlüssel. Ich fasse es nicht, der Abend fängt ja gut an. So, was jetzt? Erstens, die Bahn ist schon mal weg. Zweitens, einhundertdreißig Euro für den Schlüsseldienst, das weiß ich aus Erfahrung, sind einfach zu teuer. Da bleibt nur noch eins.

„Hallo?“

„Hi, ich bin's.“

„Steffen, Schätzchen, wo bleibst du denn?“, fragt Christian lallend. Er hat offensichtlich schon den ein oder anderen Cocktail vernichtet.

„Ich hab mich ausgesperrt und muss das hier jetzt erst mal organisieren, bin so in einer Stunde da.“

„Blödsinn, komm doch direkt ins *Stern*."
„Meinst du?"
„Klar, wir sehen uns dann da. Was? Ja. Schöne Grüße von den Jungs."
„Danke."
„Mach dir bloß keinen Stress, das gibt nur Falten."
„Zu spät."
„Na ja, in manchen Fällen sollen die ja auch interessant machen."
„Und das von dir?"
„Nur *von* mir, nicht *bei* mir, Schätzchen."
„Bis später."
„Ciao ciao."

„Hallo?"
„Hallo, Andreas. Ich bin's."
„Oh … Steffen … hallo."
„Hi."
„Ich wollte … also … geht's dir gut?"
„Na ja, geht so, ich habe …"
„Stimmt was nicht?"
„Nein! Doch! Also, ich habe mich ausgesperrt und ich meine, also, du hast doch noch meinen Schlüssel, oder?"
„Sorry, den habe ich mittlerweile an den Meistbietenden verkauft."
„Blödmann!"
„Natürlich habe ich den noch."
„So ein Glück für mich. Pass auf, dann würde ich mir den jetzt abholen, okay?"
„Klar, kannst du machen, aber schnell, wir wollen gleich los."
„Schon gut, bin in zwanzig Minuten da."
„Gut, das passt."
„Wo willst du denn hin?"

„Ins *Stern.*“

„Oh, da bin ich auch, dann bring doch den Schlüssel mit, du kannst ihn ja am Eingang für mich hinterlegen.“

„Na, wenn du da bist, werden wir uns ja sicher auch mal über den Weg laufen.“

„Das schon, aber wie ich gehört habe, hast du zugenommen, vielleicht erkenne ich dich gar nicht wieder.“

„Ich kann den Schlüssel auch aus Versehen aus dem Fenster werfen.“

„Nein, bitte nicht.“

„Okay, dann bist später.“

„Bis dann.“

„Hallo?“

„Ich bin's noch mal, ich komm jetzt doch erst mal zu dir.“

„Jetzt doch?“

„Ja, und du hast mir bis dahin einen Cocktail mit sämtlichen vorhandenen alkoholischen Getränken gemixt, klar?“

„Wird gemacht. He, Jungs, Steffen kommt doch vorher hier rum, eine Runde nehmen wir also alle noch! Bis gleich, Schätzchen!“

„Bis gleich!“

„Einmal Weidensallee bitte!“

Es ging nicht anders. Ich musste mir ein Taxi nehmen. Außergewöhnliche Situationen erfordern eben außergewöhnliche Maßnahmen – oder vielmehr außerplanmäßige Ausgaben. Scheiße. Ich hasse das.

Andreas ist der Letzte, auf dessen Hilfe ich angewiesen sein möchte. Wir haben lange nicht mehr miteinander gesprochen. Das Schlimme daran ist, dass ich weiß, dass es genau sieben Wochen sind. Ich kann mich an eines unserer Gespräche nach der Trennung erinnern, in dem wir uns beteuerten, auch weiterhin füreinander da zu sein und gegenseitig immer zu helfen. Wir können den anderen immer anrufen, zu jeder Tages- und Nachtzeit, oder auch ohne Voranmeldung bei ihm vorbeikommen.

Warum macht man das eigentlich? Warum erwartet man, aus einer gescheiterten Beziehung eine Bilderbuchfreundschaft machen zu können? Ist es überhaupt möglich, eine Trennung zu vollziehen, die ein Zusammensein auf einer anderen Ebene ermöglicht?

Natürlich habe ich es damals mit diesen Versprechen wirklich ernst gemeint, genau wie Andreas, aber selbstverständlich will man die Hilfe des Exfreundes nicht in Anspruch nehmen. Schließlich ist man ab sofort allein und will sich beweisen, dass man das auch sein kann. Dem Exfreund gilt es sogar zu zeigen, dass man das Alleinsein ausgezeichnet meistert, zumindest besser als er. Also warum diese Trennungsversprechen? Weil man sich dem ehemalig geliebten Menschen gegenüber verantwortlich fühlt, weil man das eigene Gewissen möglichst rein halten möchte oder weil sich das einfach so gehört? Und wenn man sich gegenseitig diese Versprechen gibt, kann man ewig darauf zurückkommen oder haben Trennungsversprechen ein Verfallsdatum?

Es ist kalt. Eine dieser klaren Nächte, in der sich die Sterne von ihrer besten Seite zeigen. Ich stehe auf Christians Balkon und rauche eine Zigarette. Christian ist militanter Nichtraucher und will den furztrockenen Rauch nicht bei sich in der Wohnung haben. Das sei schlecht für das Raumklima und die Haut. Stattdessen strömt bei ihm immer Dampf aus seinem Luftbefeuchter. Minzaroma.

Sämtliche Debatten, dass es doch November sei und das Thermometer kaum Null Grad Celsius anzeigt, wurden wie üblich im Keim erstickt. „Die Blutgefäße verengen sich beim Rauchen ohnehin, da macht die Kälte doch auch nichts mehr aus.“ Wenn es nach Christian geht, der in einer erfolgreichen

Hamburger Werbeagentur arbeitet, dürfen Raucher diesen Slogan bald auf sämtlichen Hinterhöfen lesen, in denen sie zusammengepfercht um einen Heizpilz versammelt stehen, weil man in den Bars nicht mehr rauchen darf. Wenn es soweit kommt, höre ich auf.

Vielleicht.

Ich drücke meine Zigarette in dem Aschenbecher, der an der Wand befestigt ist, aus, als Gregor in der Balkontür steht. Mit einer Zigarette im Mundwinkel. James Dean lässt grüßen.

„Rauchst du noch eine mit, Steffen?"

„Wenn du so fragst, ich kann dich ja nicht alleine hier draußen stehen lassen."

„Du kannst machen, was du willst, Steffen."

„Gut, Gregor, dann will ich noch eine Zigarette mit dir rauchen."

„Wenn du meinst."

„Ja, ich meine."

„Prost." Gregor stößt sein Glas gegen meins.

„Cheers!"

„Feuer?"

„Nein, das liegt neben meinem Schlüssel in der Wohnung. Aber Christian hat mir freundlicherweise Streichhölzer gegeben. Das letzte ist nur leider gerade draufgegangen."

„Warte."

Gregor kramt in seiner Jackentasche, holt schließlich ein Feuerzeug heraus und hält seine schützende Hand vor die Flamme.

Ich mag Gregor. Mittlerweile. Er ist ein uralter Freund von Christian und, wie das so ist, seitdem ich Christian kenne, auch ein Freund von mir. Außerdem ist er in der Regel neben mir der einzige Raucher beim gehobenen Vorglühen. Auch wenn Gregor grundsätzlich nur am Wochenende raucht und selbst dann höchstens drei bis vier Zigaretten. Er ist etwas kleiner als ich, hat aber mindestens doppelt soviel

Muskelmasse. In jeder freien Minute rennt er in den Fitnessclub oder zum Karatetraining. Er ist Hamburger Vizemeister in Karate.

Manchmal ertappe ich mich dabei, dass ich Gregors hohen Intellekt als unpassend zu seinem Körper empfinde, aber die Klischees gehen nun mal auch an mir nicht vorbei.

Er schreibt gerade seine Doktorarbeit in Chemie und unser erstes Aufeinandertreffen bei einem Abendessen von Christian vor etwa zwei Jahren war eine mittelstarke Katastrophe. Gregor ist eben ein absoluter Rationalist, glaubt nicht an die große Liebe, sondern an Lebensgemeinschaften und hatte zu jeder meiner träumerischen Lebensphilosophien eine vernichtend logische Erklärung. Aber inzwischen haben wir uns so an unsere konträren Ansichten gewöhnt, dass unser Verhältnis auf einer Art gediegenem Sarkasmus beruht, den wir beide sehr schätzen. In unserer üblichen Balkonraucher-zweisamkeit kann es vorkommen, dass wir nur zwei Sätze miteinander wechseln, und das ist auch gut so. Ich glaube nicht an die Theorie, die wahrscheinlich von gelangweilten Hausfrauen in den siebziger Jahren aufgestellt wurde, dass Raucher die kommunikativeren Menschen sind. Das liegt nur daran, dass sich Menschen bei gemeinschaftlichen Raucherpausen offensichtlich dazu verpflichtet fühlen, sich zu unterhalten.

Dass Gregor und ich gemeinsam ganz entspannt schweigen können, empfinde ich dagegen als sehr angenehm. Es ist eben manchmal nicht nur besser, die Klappe zu halten, sondern auch schöner.

Scheinbar hat Christian meine telefonische Anordnung bezüglich des Cocktails sehr ernst genommen. Das Glas ist noch nicht ganz leer und ich könnte mich schon ausschweifend über das kleine gelbe Schirmchen in der Ananasscheibe mokieren. Wäre es nicht wesentlich vorteilhafter, wenn es anstatt dieser drögen Nationalflaggen solche Nationalschirmchen geben würde? Oder noch besser: Nationalcocktails. Dann würden sämtliche Außenminister bei ihren Auslandsbesuchen zuerst einmal das Landesgetränk in die Hand gedrückt bekommen und müssten sich anschließend beim Händeschütteln für die Fotos mit dem Lächeln auch nicht mehr so verkrampfen. Ich verkneife es mir, Gregor von dieser innovativen Idee zu erzählen, weil er außer seiner typisch hochgezogenen Augenbraue nichts dazu sagen würde und unser Schweigen auch dieses Mal völlig ausreichend ist.

Es soll losgehen. Ich fasse unruhig in meine Jackentaschen und will gerade eine lautstarke Panik verbreiten, als mir einfällt, dass es dafür ja schon zu spät ist. Dein Schlüssel liegt bei dir zu Hause, Steffen. Im Alkoholtran richte ich meine Gedanken in der Regel immer an mich selbst, weil sie dann besser haften bleiben. Das hoffe ich wenigstens.

Wir gehen zu Fuß. Bis zum *Stern* sind es von Christian aus nur etwa fünfhundert Meter, obwohl ich persönlich nichts gegen ein Taxi gehabt hätte, schließlich habe ich heute schon einhundertdreißig Euro gespart, weil ich den Schlüsseldienst nicht gerufen habe. Dafür musste ich allerdings meinen Exfreund um Hilfe bitten, aber inzwischen finde ich das gar nicht mehr so schlimm. Was ist schon dabei? Ich meine, ich habe diesem Menschen schließlich für solche Situationen meinen Schlüssel anvertraut. Gut, natürlich auch, damit er immer in meine Wohnung kommen kann, vielleicht auch, weil Schlüsseltauschen in einer Beziehung ein relativ großer Schritt ist, wer weiß. Aber wir sind erwachsen und außerdem bitte ich ihn ja nicht um eine Spenderniere, sondern um meinen Schlüssel, den er eben noch hat.

Moment mal. Warum eigentlich? Warum hat er meinen Schlüssel überhaupt noch? Und ich seinen? Wir sind ein halbes Jahr getrennt, da sollte man doch irgendwann, an einem nebeligen Morgen, den Schlüssel in den Briefkasten des anderen werfen, eventuell noch mit einem kleinen Zettel, auf dem steht: „Hier, dein Schlüssel, Gruß, Steffen." Ach, Steffen, jetzt hör auf, sei doch froh, dass er ihn noch hat. Für die einhundertdreißig Euro kannst du dir am Montag zwei Hosen kaufen. Oder eher eine.

Wir sehen eine lange Schlange vor der Eingangstür und fangen schon von Weitem an, nach bekannten Gesichtern zu suchen. Tatsächlich, ganz vorne steht ein Pärchen, das Christian alle Jubeljahre mal zum Essen einlädt. Wir stellen uns dazu, freuen uns möglichst laut darüber, dass das mit der Verabredung vor der Tür geklappt hat, und ignorieren die Vorwürfe aus den hinteren Reihen, dass sich acht Leute nicht einfach so vordrängeln können.

Nachdem wir in der Schlange vor der Garderobe eine verjährte Affäre von Gregor kannten, stehe ich mit Christian ziemlich schnell an der Bar und bestelle für uns beide ein mexikanisches Bier. Ich sehe mich um. Die Luft ist voll von Zigarettenrauch, dem Geruch aller zurzeit angesagten Parfüms und der Vorfreude sämtlicher Anwesenden, einen hoffentlich einmaligen Abend zu erleben.

Einmalig ist mein Abend bis jetzt auf jeden Fall. Von Andreas ist noch nichts zu sehen, aber das *Stern* ist sehr groß und hat außerdem zwei Etagen. Am liebsten würde ich diese ganze Schlüsselangelegenheit sofort erledigen, damit ich nicht den ganzen Abend mit dem Suchen nach Andreas beschäftigt bin.

„Cheers!"

Christians dunkle Augen leuchten, als er seine Flasche gegen meine stößt, und er grinst mich so an, als ob ich ein Fotograf wäre, der ihn gerade für das Cover eines italienischen Modemagazins ablichtet. Er sieht heute Abend wirklich wieder einmalig gut aus. Aber das ist immer so. Für seine Frisur braucht er mindestens vierzig Minuten. Jede Strähne seiner schwarzen Haare muss gezwirbelt, ausgerichtet und fixiert werden. *Out-of-Bed-Look.* Christian legt nun mal extrem viel

Wert auf sein Äußeres, macht daraus aber keinen Hehl. Er besitzt Hautpflegeprodukte, die andere Menschen schnellstmöglich verkaufen würden, um sich damit einen schicken Kleinwagen zu finanzieren.

Mit seinen 1,90 Meter ist er ein bisschen größer als ich, aber seine Taille macht eher Kate Moss Konkurrenz. Demgegenüber steht eine enorm große Klappe, die man eher von dem Bewohner eines Berliner Randbezirks erwarten würde. Viele bezeichnen ihn als arrogantes Modepüppchen, aber so etwas ist für Christian eher eine Bestätigung. Er ist eben ein beispielloser Narzisst, aber die können auch liebenswert sein.

Als wir uns vor gut zwei Jahren kennengelernt haben, waren wir beide in Beziehungen. Ich noch in einer sehr harmonischen, Christian dagegen in einer katastrophalen, die zwei Monate nach unserem Kennenlernen endlich ihr verdientes Ende fand. Es war eine dieser Hasslieben, die sich lange gegen eine notwendige Gleichgültigkeit gewehrt hatte. Eigentlich tut sie das immer noch ein bisschen. Sein Exfreund darf bis heute nicht erwähnt werden. Wenn es gar nicht anders geht, dürfen wir ihn nur „Wrack im Endstadium der Verbitterung" nennen, oder kurz „WIEV", wenn es mal schnell gehen muss. Ich glaube, Christian ist bis heute geprägt von dieser Beziehung, die fünf Jahre mehr schlecht als recht gehalten hatte. Mit der Trennung damals hat er sich nicht gegen das WIEV, sondern für sich entschieden, und genau diese Entscheidung ist noch heute zu spüren.

Plötzlich kommt mir ein Gedanke. Christian und das WIEV hatten natürlich eine Trennung, die mit zugeschlagenen Türen und dem Zitieren sämtlicher bekannter und neu erfundener Schimpfwörter einherging, und ich frage mich, ob das im Endeffekt nicht die bessere Alternative ist. Auch wenn Christian nie über ihn spricht, vielleicht aber umso öfter an ihn denkt, so sind die Fronten doch wenigstens klar. Keine Trennungsversprechen, keine endlosen Aufarbeitungsgespräche und den Schlüssel garantiert zwei Tage später im Briefkasten.

Wir stehen also an der Bar und lassen unsere Blicke in die Runde schweifen. Ich in erster Linie auf der Suche nach Andreas, Christian auf der Suche nach Abenteuer oder zumindest ein bisschen Abwechslung aus Aumühle.

„Hallo, Steffen!"

Ich hätte natürlich die Möglichkeit, ihn nach seinem Namen zu fragen, aber das Hallo hatte einen so vertrauten Ton, dass ich das als äußerst unpassend empfinden würde.

„Na … du."

„Schon lange hier?"

„Nein, gerade erst angekommen."

Er sieht gut aus. Kurze, braune Haare, soweit ich es erkennen kann, grüne Augen und geschätzte drei Besuche im Fitnessstudio pro Woche.

„Na ja, schön, dich mal wieder zu sehen, ich muss dann wieder nach oben."

„Okay, viel Spaß noch."

Christian sieht mich an. Ich zucke mit den Schultern und frage mich, wie ich so einen Typen vergessen kann. Eigentlich hatte ich in meinem Leben nur zwei Filmrisse, einen nach dem ersten Alkoholgenuss auf einer Klassenfahrt, den anderen vor circa drei Jahren auf meiner Geburtstagsparty. Aber da dieser Typ wohl kaum in meiner Schulklasse war und ich Unbekannte in der Regel nicht zu meinem Geburtstag einlade, schließe ich beide Optionen aus.

Gregor kommt auf uns zu. Breitschultrig bahnt er sich seinen Weg durch die Menge. Was die Attraktivität angeht, ist Gregor das absolute Gegenteil von Christian. Nicht, dass er hässlich wie die Nacht oder ungeheuer ungepflegt wäre, im Gegenteil. Aber Gregor hat so eine Art von maskulin-natürlicher Schönheit, deren Formel keine Pflegeserie bisher entschlüsselt hat. Seine braunen Haare sind ungewollt trendy, weil nicht gekämmt, seine Augen haben einen souveränen Blick und das schlichte weiße T-Shirt wirkt bei seinem muskulösen Oberkörper wie von Gucci.

„Alles klar?“, fragt Gregor.

„Alles bestens“, antworte ich, in Gedanken immer noch bei dem mysteriösen, gut aussehenden Mann von eben. Na ja, der Abend ist noch jung und wir werden uns bestimmt noch einmal über den Weg laufen. Vielleicht fällt mir sein Name bis dahin auch ein. Hoffentlich.

„An der Bar gegenüber sind zwei Kommilitonen von mir. Kommt ihr mit rüber?“

Bevor ich Gregor antworten kann, zieht Christian mich am Arm und wir schieben uns hinter Gregor durch die Menge.

„Offensichtlich kommen wir mit“, rufe ich Gregor zu.

Christian dreht sich zu mir um und grinst.

„Schätzchen, die sind bestimmt ganz nett.“

„Bestimmt.“

Das *Stern* ist rappelvoll. Auf dem Weg zu Gregors Bekannten treffen meine Augen die eines Anderen. Die erste Sekunde ist vorbei, wir sehen uns noch immer an, als wir in zwei verschiedenen Strömungen durch die Masse aufeinander zukommen. Sekunde zwei ist vorbei, unsere Blicke halten immer noch dem des anderen stand. Die wichtige dritte Sekunde setzt ein. Ich lächle ihn an. Er lächelt zurück. Und wie! Er ist ungefähr so groß wie ich, die dunklen Haare fallen ihm auf der linken Seite ins Gesicht, und obwohl ich seine Augenfarbe aus der Entfernung nicht erkennen kann, sind sie wunderschön. Er trägt ein hellblaues Polohemd, bei dem die Knöpfe offen gelassen sind. Wir sind jetzt fast auf gleicher Höhe. Ich nicke ihm zu und von seinen Lippen lese ich ein kurzes Hallo ab.

Gregors Kommilitonen entpuppen sich leider als so spannend wie ein Museum für Heimatkunde. Soviel dann zum Thema „ganz nett". Immerhin haben sie eine Runde geschmissen. Ich sehe zu Christian hinüber, der sich offensichtlich sehr gut unterhält. Na ja, wenigstens einer. Ich suche nach Feuer. Vergebens. Steffen, du hast kein Feuerzeug dabei.

„Brauchst du Feuer?"

Der Mann mit dem Polohemd steht plötzlich mit gezücktem Feuerzeug vor mir. Seine Augen sind blau.

„Mehr als alles auf der Welt."

„Wirklich? Sonst bist du also wunschlos glücklich?"

„Na ja, sieh mich an, ein Bier in der Linken, die Zigarette in der Rechten. Kann man glücklicher sein?"

Er zündet das Feuerzeug an und hält es in meine Richtung. Ich stecke meine Zigarette in den Mund und berühre seine Hand, natürlich weil es hier schließlich immer schrecklich zieht und ich nicht möchte, dass das Feuer gleich wieder ausgeht. Er zündet sich selbst eine Zigarette an und nimmt einen Schluck von seinem Bier.

„Na ja, ich kann mir da schon noch etwas Schöneres vorstellen", sagt er und lächelt mich an.

„Tatsächlich? Und was?"

„Eine dritte!"

„Was?"

„Eine dritte Hand!"

„Wozu?"

„Die könnten wir uns dann geben, um uns vorzustellen."

Ich bin beeindruckt. Normalerweise ist es nicht einfach, mich rhetorisch zu überraschen.

„Ich bin Claas."

„Steffen."

Nach zwanzig Minuten habe ich herausgefunden, dass Claas einunddreißig ist, als Journalist bei einem Hamburger Stadtmagazin arbeitet und Katzen genauso verabscheut wie ich. Es ist ungemein vertraut, mit ihm zu reden. Er hat so eine angenehme, ironische Art und ist dabei total unverkrampft. Wow.

„Ich muss mal eben wohin, Steffen."

„Die besten Drogen gibt's draußen."

„Das weiß ich doch."

„Natürlich."

„Und wehe, du bist gleich nicht mehr da."

Während sich Claas in Richtung Toilette vorarbeitet, sehe ich zu Christian, der sich immer noch genau so gut zu unterhalten scheint, nur dass der Gesprächspartner inzwischen ein anderer ist. Ich muss lachen. Da fällt mir ein, dass ich meinen Schlüssel immer noch nicht habe. Vielleicht hat Andreas mich schon gesehen, hat sich aber nicht getraut, zu mir zu kommen, weil ich hier mit Claas stehe. Ich kann nicht leugnen, dass ein Teil in mir sich sehr darüber freut. Schließlich sieht Claas umwerfend gut aus. Andreas wird mich mit ihm gesehen, den Schlüssel am Eingang abgegeben haben und nach Hause gegangen sein. Hier meldet sich dann der andere Teil, der unheimliches Mitleid mit Andreas hat und es nicht erträgt, wenn es ihm nicht gut geht. Seltsam. Warum tritt man eigentlich in so einen Konkurrenzkampf mit dem Ex? In erster Linie geht es dabei wohl um die Frage nach einem neuen Freund. Bedeutet ein neuer Freund also den Sieg über den Exfreund, der immer noch Single ist?

„So ein Glück, du bist noch da!"

Claas steht vor mir und lächelt mich an.

„Ja, es hat sich in der Zwischenzeit nichts Besseres ergeben."

„Das glaub ich gerne!"

Ich unterhalte mich mit Claas mindestens noch zwei Stunden über Gott und die Welt. Mittlerweile bin ich mir sicher, dass mein Schlüssel am Eingang liegt und Andreas nach Hause gegangen ist. Der Mitleidsteil in mir scheint aber schlafen gegangen zu sein und ich genieße den Abend in vollen Zügen. Christian hat sich in eine Ecke zurückgezogen und knutscht, aber soweit ich sehen kann, weder mit dem ersten noch mit dem zweiten Gesprächspartner. Gregor steht immer noch mit seinen Kommilitonen am anderen Ende der Bar und scheint über die Wahrscheinlichkeit des nächsten Erdbebens auf Hawaii zu diskutieren. Und ich stehe hier mit einem Mann, den ich von Minute zu Minute interessanter finde. Claas ordert uns noch zwei Bier und sieht mich an.

„Ich finde dich total süß!“, sagt er mit leiser Stimme.

Vielleicht kommt es gar nicht darauf an, was jemand zu dir sagt, wenn nur er es ist, der es sagt. Hätte mir jemand anderes so etwas ins Ohr geflüstert, wäre mein Magen wahrscheinlich nicht kurz mal in Richtung Solar Plexus gesprungen und ich hätte schnell mit einer sarkastischen Antwort gekontert.

„Danke schön!“

Mehr fällt mir nicht ein und es scheint auch genug zu sein, denn Claas lächelt mich zufrieden an und bezahlt unser Bier.

Christian kommt auf mich zu.

„Schätzchen, ich gehe nach Hause.“

„Allein?“

„Ja, küssen konnte er nicht und du kennst ja mein Motto!“

„Ja ja, mach's gut, ich ruf dich nächste Woche an, ja?“

„Mach das und viel Spaß noch.“

Er zwinkert mir zu und geht.

„Ist das ein guter Freund von dir?“, fragt Claas.

„Christian? Ein sehr guter sogar.“

„Und was hat der für ein Motto?“

„Du hast uns also belauscht?“

„Ließ sich leider nicht vermeiden.“

„Na schön, sein Motto ist, dass er niemanden mit nach Hause nimmt, der nicht küssen kann."

„So?"

„Ja."

„Und wie ist das bei dir?"

„Ich finde Küssen generell total widerlich."

„Wirklich?"

„Total."

„Genau wie ich!"

Claas nimmt meine Hand und küsst mich. Wenn Christian an meiner Stelle wäre, würde er ihn wahrscheinlich zu sich nach Hause tragen, wenn es nötig wäre.

„Und, kann ich mit zu dir kommen?"

Ich bin unsicher. Normalerweise stellen sich die Weichen für einen One-Night-Stand wesentlich früher und eigentlich bin ich davon ausgegangen, dass wir am Ende dieses Abends Telefonnummern austauschen und uns für nächste Woche zum Kaffeetrinken oder Spazierengehen verabreden. Ich überlege. Bei meinen vergangenen One-Night-Stands war es eigentlich immer von vorneherein klar, in welche Richtung es gehen würde. Doch ich merke, dass ich von Claas mehr möchte. Aber ist das ein Grund, heute nicht mit ihm ins Bett zu gehen? Kann ein One-Night-Stand zu einer Beziehung führen oder führt ein One-Night-Stand nur zum nächsten?

„Klar, ich mache ganz hervorragenden Kaffee."

Ich finde, ich bin zu betrunken, um ihn jetzt mit Bedenken bezüglich der Zukunft zu behelligen.

Claas wird also die Nacht bei mit verbringen. Ich bin trotz meines Alkoholrausches ziemlich überrascht, dass ich meinen Kopf so schnell ausschalten konnte, aber letztendlich ist es ohnehin schwachsinnig, jetzt schon zu planen, wo es doch gerade anfängt.

Da fällt mir ein, dass es eigentlich mein Plan war, heute Nachmittag mein Badezimmer sauber zu machen. Mist. Ich kann Claas auf keinen Fall mit zu mir nehmen. Man will ja schließlich so lange wie möglich ein perfektes Bild aufrecht erhalten. Oder zumindest einen gewissen hygienischen Standard wahren. Nein, er kann auf keinen Fall mit in meine Wohnung. Was mache ich jetzt? Unser Bier ist fast alle, die Situation ist klar, eigentlich sollten wir jetzt gehen.

„Sag mal, eigentlich würde ich lieber mit zu dir, ist das okay?"

Das stimmt natürlich nicht, alle meine einmaligen Bettgeschichten fanden in meiner Wohnung statt. Warum, kann ich nicht genau sagen, aber ich glaube, es hat etwas mit Sicherheit zu tun, schließlich kennt man den anderen so gut wie gar nicht und weiß nicht, in was man da eigentlich gerade hineinschlittert. Erstaunlich, dass man bereit ist, mit einem Menschen zu schlafen, aber dessen Wohnung aus Vorsicht lieber nicht betreten möchte. Es müssen ja keine Folterkammern sein, die auf einen warten, aber, wie sagt man, zu Hause ist es doch am Schönsten. Aber da das mit mir und Claas ja hoffentlich nicht nur bei diesem einen Mal bleibt, finde ich den Aufbruch in neue Sphären gar nicht mal so unpassend.

„Hm, eher nicht", antwortet Claas zögerlich.

„Warum, ist dein Badezimmer nicht sauber?"

Gute Taktik! Niemand vermutet den Feind im eigenen Lager.

„Das nicht, aber …"

„Aber was?"

„Mein Freund ist zu Hause."

Ich warte auf Claas' Lachen, um diesen merkwürdigen Witz aufzuklären. Leider umsonst.

„Das kann doch nicht dein Ernst sein."

„Hör zu, wir sind seit sieben Jahren zusammen und haben die Verabredung getroffen, dass wir auch mal mit anderen schlafen können."

„Na bitte, dann können wir ja zu dir!"

„Natürlich nicht in unserer Wohnung, das wäre ja wohl auch ziemlich unangemessen."

„Unangemessen? Das einzige, was ich hier momentan als unangemessen empfinde, ist die Tatsache, dass du mir den ganzen Abend das Gefühl gibst, an mir interessiert zu sein …"

„Aber das bin ich doch auch!"

„Aber du hast einen Freund!"

„Ja, aber darum geht es doch jetzt überhaupt nicht!"

„Um was geht es denn sonst?"

„Um dich und mich. Hätte ich denn gleich sagen sollen, ich habe einen Freund, würdest du trotzdem mit mir ins Bett gehen?"

„Ich wünschte, du hättest es getan, dann hätte ich noch was von diesem Abend gehabt."

Mit diesen Worten drehe ich mich um, stoße dabei den Typen neben mir an und er verschüttet sein Getränk über mein T-Shirt.

„Pass doch auf!", keife ich ihn an.

Mit einem riesigen, klebrigen Fleck drängele ich mich durch die Menge und bin fassungslos. Das kann einfach nicht wahr sein. Es geht nicht um die Form einer offenen Beziehung, die in der schwulen Szene ja auch nicht gerade unüblich ist. Das soll jeder halten, wie er will. Es geht um das Vortäuschen völlig falscher Tatsachen. Warum hat er es nicht wirklich gleich gesagt? Dann hätte ich gewusst, woran ich bin, und hätte ja immer noch darüber nachdenken können, wie ich damit umgehe. Jetzt will ich nur noch raus hier und nach Hause.

Die Schlange an der Garderobe ist natürlich endlos lang. Warum können die nicht zumindest eine Kraft mehr einstellen? Ob ich in der Reihe jetzt jemanden kenne oder nicht, ich gehe direkt nach vorne. Außerdem habe ich jetzt ohnehin keine Lust mehr, mich mit irgendjemandem zu unterhalten. Nur noch nach Hause.

„Da bist du ja!"

Es trifft mich wie ein Schlag. Andreas. Er sieht unverschämt gut aus, so, als ob er gerade von einer dreiwöchigen Floridareise wiedergekommen wäre. Er steht direkt vor mir. Es ist, als ob ein heller Scheinwerfer auf ihn gerichtet wäre und er nun endlich seinen großen Auftritt am heutigen Abend hätte. Natürlich. Das Beste kommt immer zum Schluss. Seine blauen Augen passen zu seinem karierten Hemd, das er über seiner beigefarbenen Baggyhose trägt. Seine dunkelbraunen Haare sind perfekt gestylt und sein Lächeln nach wie vor das Süßeste, das ich kenne. Da steht er und sieht mich an. Sein Blick ist wie der Geheimcode zu meinen Gedanken, den ich ihm verraten habe. Jetzt könnte ich mich dafür ohrfeigen.

„Du …hm, du bist ja doch noch hier!", sage ich, immer noch geschockt.

„Ich hab doch gesagt, dass ich ins *Stern* komme. Wo warst du denn die ganze Zeit, ich dachte schon, es ist was passiert."

„Was? Nein, ich war nur … ich stand nur da drüben mit …"

„Geht's dir gut? Dein T-Shirt ist ja total nass!"

„Quatsch, ist nicht so schlimm!"

„Ach so, entschuldige, Steffen, aber Tim kennst du ja."

„Wen? Ach so ja, natürlich."

Tim lächelt mich an. Jetzt fällt es mir ein. Tim. Der gutaussehende Typ von vorhin, dessen Name mir nicht eingefallen ist. Tim. Sein Name ist Tim. Vor zwei Jahren haben wir uns auf einem Videoabend von Andreas' Freundin Nadine kennengelernt. Und ich weiß noch, wie ich auf dem Heimweg mit Andreas gestritten habe, weil er scheinbar nicht bemerkt hatte, wie sehr Tim ihn angeflirtet hat.

Andreas lehnt sich nach vorne und nähert sich meinem Ohr.

„Wir sind seit drei Wochen zusammen. Ich hoffe, das ist okay für dich."

Ich kann nicht antworten. Alles, wozu ich imstande bin, ist ein Lächeln, das der Winterstarre einer Eidechse gleichen muss.

„Also dann, ich will jetzt nach Hause, bis dann!", bringe ich mit Mühe heraus.

„Warte mal!"

„Was ist denn noch?"

Was will er denn jetzt noch. Wir haben den Sieger ermittelt. Er heißt Andreas. Herzlichen Glückwunsch.

„Na, dein Schlüssel, Steffen!"

„Ach ja, danke, ich schmeiß dir deinen morgen in den Briefkasten!"

„Was?"

Aber ich habe mich schon umgedreht, drängele mich an den übrigen Leuten vorbei und hole meine Jacke.

Auf der Taxifahrt nach Hause bin ich ganz ruhig. Ich schließe die Wohnungstür auf und sehe meinen Schlüssel neben dem Feuerzeug auf dem Telefontisch liegen. Auf dem Bett sitzend halte ich beide Schlüssel in der Hand und lasse sie sanft gegeneinander schlagen. Es ist ein unerwartet dumpfes Geräusch.

Es ist nicht der Exfreund, mit dem man in Konkurrenz steht. In Wahrheit ist es sein neuer Freund: Tim.

Es ist die Angst, dass er auch nur ein kleines bisschen besser, verständnisvoller, zärtlicher ist, als man selbst es war. Die Angst, dass er genau die Wünsche erfüllen wird, die ich Andreas nie erfüllen konnte, dass er in den gleichen Situationen die richtigen Dinge sagt und das Richtige tut.

Ich öffne den kleinen Eisenring an meinem Schlüsselbund. Er ist etwas rostig. Langsam ziehe ich den Schlüssel zu Andreas' Wohnung heraus. Der Schlüsselring schnappt wieder zu, ich halte Andreas' Schlüssel in der Hand und stelle mir vor, dass Tim ihn bald an seinem Schlüsselbund tragen wird.

Ich habe immer gedacht, dass ich zu Andreas sagen kann, dass ich ihm und seinem neuen Freund alles Gute wünsche. Ich habe mir vorgestellt, dass Andreas mir auf einem Spaziergang erzählt, dass er einen neuen Freund hat, wir anhalten, ich seine Hand nehme, ihm tief in die Augen sehe und ihm sage, dass ich mich für ihn freue und ihnen viel Glück wünsche. Ich habe gedacht, ich würde es so meinen können. Dass es mich so umhaut, nach einem halben Jahr, habe ich nicht erwartet.

Ich lege den Schlüssel von Andreas auf meinen Nachttisch, ziehe meine Klamotten aus und lege mich schlafen. Hoffentlich wird es morgen nebelig.

Kapitel 2

Es war im April diesen Jahres. Andreas hatte mich angerufen und mir gesagt, er hätte eine Überraschung für mich, ich solle mich fertig machen, er würde mich in zwanzig Minuten mit dem Auto abholen.

Ich trat aus der Tür und roch zum ersten Mal in diesem Jahr den Duft, der den Frühling ankündigte. Es war warm. Ich spürte die Sonne auf meiner Haut, als ich zu Andreas' Auto hinüberging.

„He!"

„Na du, schon gespannt?"

„Klar!"

Wir fuhren los. Ich öffnete das Fenster und hielt meine Hand ins Freie. Der Wind umspielte meine Finger, im Radio lief Sommermusik, die Sender hatten auf die Witterung reagiert.

„Wo fahren wir denn hin?"

„Sag ich dir nicht. Es soll ja eine Überraschung werden."

„Hätte ich meine Zahnbürste einpacken sollen?"

„Natürlich, und ich hoffe, du hast deinen Reisepass mit."

Nach etwa einer Stunde hielt Andreas an. Ich stieg aus und sah einen wunderschönen See, umgeben von grünen Wiesen und ein paar Bäumen. Ich folgte Andreas, bis er kurz vor dem Ufer anhielt, seinen Rucksack öffnete, die Decke mit dem kleinen Prinzen auspackte und sie auf dem Gras ausbreitete. Ich sah ihn an. Er lächelte.

„Setz dich."

Ich nahm auf der Decke Platz und beobachte, wie Andreas aus dem Rucksack eine Flasche Wein, zwei Gläser, einen Korkenzieher, geschnittenes Baguette und Käse herausholte. Er legte zwei Teller mit Servietten auf die Decke und setzte sich mir gegenüber hin.

„Französisches Picknick also."

„Oui, mon amour."

Er öffnete die Weinflasche und schenkte uns beiden ein, während mein Blick über den See schweifte. Wasser macht mich immer ein bisschen melancholisch. Ich hörte, wie kleine Wellen gegen das erdige Ufer schlugen, schloss die Augen und atmete den Frühling ein.

„Prost, mein Prinz!", sagte Andreas und reichte mir mein Glas.

„Prost."

Wir stießen an und tranken von dem Wein.

„Ach so, und vielen Dank, das ist echt eine süße Überraschung."

Andreas lächelte mich nur spitzbübisch an und nahm sich eine Scheibe von dem Baguette. Ich sah wieder zum Wasser. Am anderen Ufer ging ein Pärchen Hand in Hand auf einem Weg, der wahrscheinlich um den ganzen See herumführte. Sie hielten an, küssten sich und gingen Arm in Arm weiter.

„Willst du nichts essen?", fragte Andreas.

„Was? Doch natürlich, danke."

Ich nahm mir auch ein Stück von dem Baguette, legte die Serviette von meinem Teller und musste kurz innehalten.

„Was ist das denn?", fragte ich ihn überrascht.

„Aufmachen!", strahlte Andreas zurück.

Auf meinem Teller, unter der Serviette, lag ein roter Briefumschlag. Ich nahm ihn in die Hand und schaute zu Andreas. Er grinste über das ganze Gesicht. Vorsichtig riss ich den Umschlag auf und es kamen zwei Konzertkarten zum Vorschein.

„Sind das Karten für Alanis Morissette im August?“

Andreas fing an zu lachen. Ich blickte etwas verwundert zu ihm hinüber. Schnell zog ich die Karten aus dem Umschlag und las nur das Wort „Barcelona“. Für einen kurzen Moment überlegte ich nach einer Band, die diesen Namen trug, bis ich das kleine Flugzeug unten in der linken Ecke entdeckte. Es waren keine Konzertkarten, sondern Flugtickets. Flugtickets nach Barcelona.

„Vielleicht spielt sie ja auch dort. Im Juli geht es jedenfalls erst mal nach Barcelona. Unser erster gemeinsamer Urlaub, ich habe ihn einfach gebucht. Sieh es als vorgezogenes Geburtstagsgeschenk.“

Ich hörte wieder das Wasser gegen das Ufer schlagen und spürte die warme Sonne in meinem Rücken.

„He, was ist los, freust du dich denn nicht?“

Aber ich konnte ihm nicht antworten. Ich fühlte, wie sich meine Augen mit Tränen füllten und merkte, dass es nichts nützten würde, sie als Freudentränen zu verkaufen. Dafür kannten wir uns zu gut. Dafür kannte Andreas mich schon viel zu gut. Es war ganz still. Ich hatte mein Gesicht gesenkt, weil ich Andreas nicht ansehen konnte. Er sagte kein Wort und ich wusste, dass ihm in diesem Moment klar wurde, dass die abgeschlossene Reiserücktrittsversicherung eine gute Idee gewesen war. Ich wusste nicht, wie viel Zeit vergangen war, als ich meinen Blick nach oben richtete. Er saß mir gegenüber und schaute auf den See.

„Es tut mir leid“, sagte ich mit zittriger Stimme.

„Ja, mir auch.“

Seit ungefähr drei Monaten hatte ich mich nicht mehr wohl gefühlt in der Beziehung. Alles war so eng geworden. Andreas machte es eng, das empfand ich damals zumindest so. Er sprach ständig davon, dass er in einen Vorort von Hamburg ziehen wollte, ins Grüne. Ich könnte ja irgendwann später mal mit einziehen. Plötzlich waren die Schritte unserer Beziehung so erwachsen geworden, zu erwachsen für mich.

Jeden Tag bin ich mit Zweifeln an unserer Beziehung aufgewacht, war mir nicht sicher, ob es das Richtige für mich war, ob ich nicht nach etwas anderem suchte oder suchen sollte. Ich habe mir Mühe gegeben, Fehler bei Andreas zu finden, versuchte, mich an Momente zu erinnern, in denen er mich verletzt hatte, wollte die Verantwortung wenigstens teilen. Aber da war nichts.

Wir haben geredet, zusammen und jeder für sich. Das gehört bis heute zu den Dingen, die ich an Andreas liebe. Die Fähigkeit, zu reden und zuzuhören und einem das Gefühl zu geben, dass Reden immer der erste Schritt zur Lösung eines Problems ist.

Aber er hatte sich getäuscht; manche Probleme lassen sich nicht lösen. Vielleicht, weil sie sich nicht lösen lassen wollen.

Andreas hat gesagt, dass er mich liebe und dass das alles andere nichtig und klein mache.

An jenem Nachmittag am See wusste aber nicht nur ich, sondern auch er, dass Liebe manchmal nicht genug ist. Wir haben uns noch an diesem Tag getrennt.

Zuerst fühlte ich mich unheimlich stark, fühlte, dass es die richtige Entscheidung gewesen war, dass es an diesem Punkt meines Lebens besser war, allein zu sein.

Dann ließ dieses Gefühl nach und drehte sich um einhundertachtzig Grad.

Plötzlich verstand ich gar nichts mehr, am allerwenigstens mich selbst. Verstand nicht, warum ich mich von dem Mann, der mich so bedingungslos liebte, trennen konnte. Nur aus Angst vor Nähe, vor einer langfristigen Zukunftsplanung und aus dem Verdacht heraus, dass da draußen irgendwo irgendwann noch etwas Besseres auf mich warten könnte. Über Wochen gab es keine Stunde, in der ich nicht an ihn dachte, von ihm träumte, seine Telefonnummer gewählt und wieder aufgelegt habe.

Glücklich wird man nur, wenn man keine Angst hat, glücklich zu sein.

Wir haben uns danach zwar ein paar Mal getroffen, aber das waren nicht wir, sondern ängstliche Versuchskaninchen, die man nach einer Trennung in einen beengten Käfig gesperrt hat, um zu sehen, wie sie miteinander umgehen.

Dann haben wir es einfach dabei belassen. Nicht, dass wir einen Kontaktabbruch abgesprochen hätten, aber nach dem dritten Kinobesuch, zwei Jumbotüten Verlegenheitspopcorn und der unüberwindbaren Angst vor den Augen des anderen war es uns beiden klar.

Dann wurde es noch mal schlimmer, aber irgendwann war es vorbei.

Ich hatte viel zu tun und einfach vergessen, an Andreas zu denken, und auf einmal ist die Zeit auf deiner Seite, weil du merkst, wie es dir von Tag zu Tag besser geht und sich alles wieder in normale Bahnen lenkt, bis zu dem Tag, an dem du deinen Exfreund mit seinem neuen Freund im *Stern* triffst.

Tim. Nein, herzloses Pferdegebiss, das ist sein Name. Ich fand Christians Vorschlag ziemlich gut, als er mir sagte, dass Tims außergewöhnlich ausgeprägte obere Zahnreihe das Erste war, was ihm an Andreas' neuem Freund aufgefallen war.

Ich hatte wohl immer noch das Gefühl, dass Andreas an mir hängt, aber ich habe ihn offensichtlich falsch eingeschätzt, er ist viel weiter als ich. Schon völlig weg von mir.

Seinen Schlüssel habe ich tatsächlich gleich am nächsten Tag in seinen Briefkasten geworfen, allerdings ohne den obligatorischen Zettel. Das ist inzwischen fast eine Woche her und er hat bis heute nicht darauf reagiert. Zuerst hatte ich den Verdacht, dass er mit dem herzlosen Pferdegebiss drei Tage zusammen im Bett verbringt, schließlich haben wir das am Anfang auch getan, ohne auch nur an den Briefkasten zu denken. Aber nach einer Woche bin ich zu der Ansicht gekommen, dass Andreas den Schlüssel genauso kommentarlos entgegengenommen haben wird, wie ich ihn überreicht habe.

Ich habe einen Brief an Andreas angefangen, ihn aber weder abgeschickt noch aufgehoben. Kurz vor der letzten Zeile wurde mir klar, dass die Zeit der Briefe und Erklärungen ein für allemal vorbei ist, es nicht mehr nötig ist, sich zu rechtfertigen oder wenigstens ein harmonisches Ende herbeizudichten. Ich muss mich an den Gedanken gewöhnen, dass ich in seinem Leben keine Rolle mehr spiele, zumindest nicht in der Gegenwart, ganz zu schweigen von der Zukunft. Es ist spätestens seit letztem Samstag im *Stern* endgültig vorbei und nun ist es an mir, damit klarzukommen.

Heute gehe ich nicht aus. Keine Ahnung, wann ich das letzte Mal an einem Samstagabend zu Hause geblieben bin, aber seit letztem Wochenende habe ich erst einmal die Nase voll und möchte nicht riskieren, Andreas und dem herzlosen Pferdegebiss gleich noch mal über den Weg zu laufen. Außerdem ist es am vergangenen Montag nicht bei dem Kauf von einer Hose geblieben, sondern einige T-Shirts und neue Schuhe mussten, bedingt durch den Frustfaktor, auch noch dran glauben. Also ist es nicht verkehrt, ein bisschen zu sparen.

Tee. Wenn ich schon einen Samstagabend zu Hause in meiner Wohnung verbringe, dann bitte auch gleich so gesund wie möglich. Magen-Darm, Entschlackung, Husten-Bronchial. Meine Güte, meine Teevorräte gleichen der Hausapotheke einer Rentnerin. Ich entscheide mich für den Husten-Bronchialtee, der scheint mir, wenn überhaupt, am nötigsten. Mit dem Tee und einer Zigarette – was zugegebenermaßen nicht ganz Sinn und Zweck der Übung ist – setze ich mich auf den Boden vor den Fernseher. Ich setze mich gerne einfach auf den Boden, dann habe ich später wenigstens das Gefühl, wirklich ins Bett zu gehen, anstatt nur den Fernseher auszuschalten und die Augen zuzumachen. Die Nachteile einer Schlafcouch.

Das Telefon klingelt. Nein, jetzt nicht. *Hallo, das ist der Anrufbeantworter von Steffen Auerbach. Ich bin zur Zeit nicht da, freue mich aber über eine Nachricht nach dem Signalton.*

Ich halte nichts von den meist peinlichen Versuchen, den AB mit möglichst witzigen und originellen Texten zu besprechen. *Ich bin der Anrufbeantworter von so und so, und so und so ist bestimmt gerade mal wieder unterwegs, also sprich du doch bitte mit mir und zwar nach dem Piep.* So ein Quatsch. Im Prinzip weiß doch ohnehin jeder, was er zu tun hat, wenn das Ding anspringt.

„Hallo, Steffen, hier ist Mama, du bist bestimmt schon wieder unterwegs. Pass bitte auf dich auf, ich probier es dann morgen noch mal. Küsschen."

Mütter machen sich ständig Sorgen. Meine zumindest. Manchmal glaube ich, sie befürchtet, dass ich am Hauptbahnhof zu älteren Männern ins Auto steige, um mir so ein kleines Zubrot zu verdienen. Meine Mutter gehört noch zu der Generation, für die Homosexualität etwas Zwielichtiges und Schmuddeliges mit sich bringt, und so unrecht hat sie da schließlich auch gar nicht. Darkrooms, Saunen, nächtliche Treffpunkte in diversen Parks. Je dunkler und anonymer, desto besser. Zwischen den Birken kannst du mir einen blasen, aber lauf mir bloß nicht morgens im Supermarkt über den Weg. Warum ziehen so viele Schwule eine Grenze zwischen ihrer Sexualität und dem Rest ihres Lebens? Vielleicht, weil sie selbst ihre Homosexualität für nicht tageslichttauglich halten, oder einfach, weil sie so viel Sex und so wenig emotionale Bindungen wie möglich haben wollen. Das gibt es schließlich auch in Beziehungen, schnell und einfach als offene Variante deklariert. Erst letzte Woche äußerst charmant von Claas präsentiert, dem Lustwolf im Singlepelz.

Eigentlich sollte man doch davon ausgehen, dass eine Beziehung, etwaige Schwankungen inklusive, alle Bereiche abdeckt. Viele Paare treffen aber, meist nach ein paar Jahren, die Verabredung, dass Sex mit anderen erlaubt ist. Aber natürlich nie in der eigenen Wohnung, versteht sich. Kann eine offene Beziehung wirklich funktionieren oder ist das bloß der Anfang vom Ende? Es klingt so einfach. Einen Mann, den ich liebe, der mich liebt, alles ist perfekt und als Sahnehäubchen kann ich zusätzlich mit jedem anderen Typen ins Bett gehen, der mir gefällt. Aber möglicherweise ist gerade diese Einfachheit das, was es so verdächtig macht. Denn wenn ich für jeden Bereich, in dem mein Partner mir nicht mehr genügt – sei es nun Squash am Mittwochabend, die Urlaubsplanung im nächsten Sommer oder eben Sex – einfach so irgendjemand anderen finden kann, was macht dann den Partner eigentlich zum Partner?

Das Fernsehprogramm ist erschreckend langweilig. Comedysendungen, die ihr Zielpublikum offensichtlich mindestens eine Generation über meiner ansiedeln, Filme über Liebe, was im Moment verständlicherweise das Letzte ist, was ich will, und Showformate, die entweder zu kompliziert oder einfach nur schwachsinnig sind.

Es ist kurz nach zehn; meine Videothek um die Ecke hat also zum Glück noch auf.

Wenige Minuten später stehe ich vor dem Regal mit den Neuerscheinungen. Eigentlich wollte ich mir ja eine Komödie ausleihen, aber wahrscheinlich wird es doch wieder ein Film zum Heulen. Mitten rein in die Wunde.

„Na, heute Abend auch zu Hause?“

Ich zucke zusammen. Ich habe nicht damit gerechnet, in der Videothek Bekannte zu treffen.

„Ja, ich muss sparen."

„Genau wie ich."

Thorsten sieht ein bisschen verschlafen aus. Offensichtlich war sein Besuch in der Videothek genauso kurzentschlossen wie bei mir. Er trägt seine Brille, hat eine ausgewaschene Jeans an, die man eigentlich trägt, wenn man Freunden beim Umzug hilft, und eine schwarze Kapuzenjacke. Trotzdem irgendwie süß. Thorsten wohnt nur einige Straßen von mir entfernt und wir hatten eine kurze Affäre im Sommer. Noch so eine Ich-komm-drüber-weg-Geschichte. Wir hatten uns fast zeitgleich von unseren Freunden getrennt und waren der Meinung, dass es endlich Zeit für etwas Neues ist. Aber weit gefehlt. Nachdem wir sehr schnell feststellten, dass der Hauptteil unserer Kommunikation lediglich auf Andreas und Andreas beruht – sein Exfreund hatte den gleichen Namen –, wurde uns klar, dass wir vielleicht doch noch nicht soweit sind. Trotzdem mag ich ihn. Er strahlt so etwas Starkes aus, als ob ihm nichts und niemand etwas anhaben könnte.

„Und hast du dich schon für einen entschieden?", fragt Thorsten und nimmt sich eine Hülle aus dem Videoregal.

„Nein, das ist immer so schwer. Ich wollte ja eigentlich was Lustiges, aber jetzt ist mir doch mehr nach traurig."

„Okay! Wie wäre das, du nimmst einen Traurigen und ich einen Lustigen und wir gucken uns beide zusammen an?"

Ich überlege. Warum nicht? Mein Badezimmer ist sauber und das bisschen dreckige Geschirr ist nun wirklich nicht so schlimm.

Außerdem drängt ein Abend mit Thorsten garantiert Andreas und das herzlose Pferdegebiss zumindest für die nächsten Stunden aus meinem Kopf.

„Okay, machen wir."

Wenig später schließe ich mit Thorsten im Schlepptau meine Wohnungstür auf.

„Willst du was trinken, Thorsten?"

„Ja, Tee, wenn du einen hast."

„Nein, so was habe ich nicht."

Ich stelle mich gekonnt vor meine benutzte Teetasse. Dass ich nur Tee für gesundheitliche Beschwerden im Haus habe, finde ich nicht unbedingt erwähnenswert.

Mit zwei Gläsern Apfelschorle machen wir es uns auf meinem Schlafsofa gemütlich. *Nirgendwo in Afrika*. Den habe ich ausgesucht. Ich lehne mich in mein Kissen zurück und Thorsten legt seinen Arm um meine Schulter.

Eine jüdische Familie flieht vor dem Naziregime nach Afrika. Die Frau, Jettel, ist unglücklich und kann sich mit dem fremden Leben nicht anfreunden, während ihre Tochter schnell neue Freunde findet und sich in das Land verliebt. Ein schöner Film. Thorsten streichelt die ganze Zeit über meinen Nacken. Ein wirklich schöner Film.

„So und jetzt deiner. Was hast du denn nun ausgeliehen?", frage ich nach dem Bekämpfen der aufsteigenden Rührungstränen beim Filmende.

Thorsten lacht nur und sieht mich an.

„Was ist denn?", frage ich irritiert.

„Willst du den wirklich noch sehen?"

„Natürlich, oder was wolltest du jetzt machen?"

„Ich wüsste da schon noch was anderes."

„Ach ja?"

Na gut. Ich hatte ja ohnehin keine Lust auf eine Komödie.

Die Sonne scheint mir durch die Lücken des Rollos ins Gesicht. Ich erschrecke mich ein bisschen, als ich Thorsten neben meinem Bett stehen sehe. Angezogen.

„He, schlaf weiter, ich muss jetzt nur los zu einem Termin."

„Termin, am Sonntag um … äh?"

„Halb zwölf."
„Oh."
„Ich bin bei meinen Eltern zum Mittagessen eingeladen."
„Aha."
„Rede jetzt nicht soviel, sonst wachst du noch auf. Ich rufe dich an."
„Okay, mach's gut."
„Ciao."
Thorsten lächelt mich an und geht aus der Tür. Zu spät, ich bin wach. Wow. Es war schön mit ihm. Viel besser, als ich es in Erinnerung hatte. Komisch. Liegt das jetzt an ihm oder an mir?
Das Telefon klingelt. Nein. Jetzt noch nicht. *Hallo, das ist der Anrufbeantworter von Steffen Auerbach. Ich bin zur Zeit nicht da, freue mich aber über eine Nachricht nach dem Signalton.*
„Hallo, mein Schatz, na, schläfst du noch oder wie ist das? Ich mach mir langsam …"
„Hallo, Mama!"
„Ach, da bist du ja. Hast du noch geschlafen?"
„Quatsch, es ist doch schon fast zwölf."
„Na eben! Und warst du gestern wieder unterwegs?"
„Nein, ich habe mir ein Video ausgeliehen."
„Wie, du warst zu Hause?"
„Ja, ich … muss ein bisschen sparen"
„Sehr vernünftig, mein Schatz."
„Danke, danke."
„Na ja, wenn wir nächste Woche kommen, bringen wir dir ein bisschen Geld mit."
„Stimmt, ihr kommt ja am Donnerstag."
„Freust du dich schon?
„Ja … sicher."
„Gut, mein Schatz, ich rufe dich aber vorher noch mal an. Hab einen schönen Sonntag und jetzt geh erst mal duschen."

„Äh, ja, mach ich, bis dann."

Stimmt ja. Meine Eltern kommen am Donnerstag, weil wir zusammen in *Der König der Löwen* gehen. Es war ein Geburtstagsgeschenk an meine Mutter. Natürlich kommt mein Vater auch mit, obwohl er für seine Karte selbst zahlen musste. Na gut, heute ist ja erst Sonntag. Um meine Wohnung auf Vordermann zu bringen, habe ich also noch etwas Zeit.

Ich drehe mich noch mal um und atme Thorstens Geruch ein, der noch in dem Kopfkissen ist. Und da. Ich sitze plötzlich kerzengerade im Bett. Ein Kribbeln im Bauch. Was war das denn? Natürlich weiß ich, was es war, aber wieso? Thorsten ist ein lieber Kerl und die Nacht mit ihm war wirklich sehr schön, aber das ist doch eigentlich alles, oder?

Mir fällt auf, dass ich die Nacht durchgeschlafen habe. Normalerweise kann ich das nicht, wenn jemand neben mir schläft, den ich nicht so gut kenne. Ein weiteres Indiz, das mir da entgegenlacht. Thorsten. Eigentlich habe ich seit unser Affäre vor vier Monaten nicht ein Mal an ihn gedacht, sondern hatte ihn unter „ganz nett" in die Erinnerungsschublade gesteckt. Und jetzt das. Aber vielleicht spielen mir da auch nur meine Hormone einen Streich, nach dem Motto: Steffen, wir vertrocknen hier drinnen langsam, wie wäre es mal wieder mit Verlieben?

Mit dem Verlieben ist das ja so eine Sache. Die Wissenschaft hat herausgefunden, dass das Ganze eine völlig rationale, chemische Reaktion im Körper ist, die bis zu neun Monaten anhalten kann.

Wie kommt es aber, dass dieser Prozess bei den einen wesentlich besser und schneller zu funktionieren scheint als bei den anderen? Es gibt Menschen, für die Verlieben eine Art Hobby zu sein scheint, andere verlieben sich im Leben nur einmal, wenn überhaupt. Oft macht einem sicher der Kopf einen Strich durch die Rechnung und weist den Prozess des Verliebens aus rationalen Gründen schon vor der ersten Phase in seine Schranken.

Mein Bauch jedenfalls hat eben gewaltig gegen meinen Kopf rebelliert. Vielleicht wachen Bäuche früher auf als Köpfe. Sehr merkwürdig.

In Momenten wie diesen wünsche ich mir immer eine Gaby, eben so eine typische Freundin für Schwule. Notorischer Single, etwas pummelig, unheimlich verständnisvoll und mit einer Stimme, die an die Märchenschallplatten erinnert, die man früher zum Einschlafen gehört hat. Gabys haben immer die richtigen Ratschläge, sagen einem, dass man fantastisch aussieht und dass, auch wenn etwas schiefgeht, trotzdem alles wieder gut wird. Zumindest für den schwulen Freund.

Aber stattdessen habe ich Marie. Manche mögen sie als den Anti-Christ unter den Gabys bezeichnen, sie selber definiert sich eher als die fortgeschrittene Variante in der Schwulen-Freundin-Evolution. Frei nach Darwin.

Ich muss an mein Coming-out denken. Marie war damals bei einer Freundin in Hamburg zu Besuch, die nur ein paar Straßen von mir entfernt wohnte. Ich hatte Marie angerufen und ihr gesagt, sie solle doch kurz mal rüber kommen, ich müsse ihr etwas sagen.

„Komm hoch!"

Ich drückte auf den Summer, öffnete die Tür und schaltete das Licht im Hausflur an. Wenn es ein Gegenteil von romantischem Kerzenlicht gibt, stehen die weißen Neonröhren meines Treppenhauses ganz hoch im Kurs. Aber Marie und ich kannten uns schließlich seit der siebten Klasse und hatten uns schon bei so ziemlich jedem Licht gesehen.

„Mein Gott, dieses Licht. Furchtbar."

„Ich weiß. Aber du siehst trotzdem toll aus, Marie."

„Natürlich, wie sich das gehört."

Wir lachten kurz und nahmen uns in die Arme. Zwei Monate hatten wir uns nicht gesehen. Marie war nach dem Abitur zum Studieren nach Berlin und ich nach Hamburg gezogen. Also sahen wir uns nach sieben Jahren gemeinsamer Schulbank nur noch alle paar Monate. Seltsamerweise hatte sich unsere Freundschaft seitdem aber intensiviert. Marie nannte das das Post-Abitur-Distanz-Freundschafts-Phänomen.

Die Zusatzinformation, dass wir nur befreundet waren, war stets von Nöten, ob auf Partys, in Restaurants oder in unserem Spanienurlaub zwei Jahre zuvor. Natürlich hatten wir in grauer Vorzeit so etwas wie eine Beziehung versucht, so ungefähr acht Mal, aber danach mussten wir einsehen, dass wir eher zur Sparte Sitcom als zum Liebesfilm taugten. Aber man konnte uns nicht vorwerfen, wir hätten es nicht probiert.

Marie sah wirklich gut aus und das wollte bei dem Licht, das diesen sterilen Beleuchtungen auf pathologischen Stationen glich, etwas heißen. Sie war dezent geschminkt oder zumindest so perfekt, dass es dezent wirkte, hatte ihre mittlerweile schulterlangen, braunen Haare mit den blondroten Strähnchen zu einem Pferdeschwanz gebunden und trug einen dieser engen, schwarzen Hosenanzüge, die an New Yorker Geschäftsfrauen erinnerten.

„Na, los, komm rein. Willst du was trinken? Wasser? Saft? Oder ich könnte …“

„Sekt! Auf Eis, wenn du hast.“

„Ach so, ja … Alkohol, ich muss mal sehen, ich habe da nur noch so eine angebrochene Flasche Wodka von dieser Party vor …“

„Wunderbar, mit Orangensaft bitte, Verhältnis eins zu drei! Sag mal, ist das Bild hier neu?“

Das liebe ich noch heute an Marie. Sie ist keine Freundin von langen Debatten und stets darauf bedacht, so wenig Zeit und Energie wie möglich zu verschwenden, zumindest dann, wenn es sich ihrer Meinung nach nicht lohnt. Das kann sie im Umgang mit anderen zwar sehr schwierig machen, aber sie ist einer dieser Menschen, deren scheinbar negative Seiten sich mit der Zeit in wunderbare und geschätzte Eigenschaften verwandeln.

Ich hatte uns einen Wodka-O gemixt und ging mit den Gläsern zu Marie, die sich inzwischen auf meine Schlafcouch gesetzt hatte.

„Ach, willst du Eis?"

Marie winkte nur ab und sah mich fordernd an.

„Steffen, was ist denn jetzt los?", fragte sie und nahm einen ersten Schluck.

„Was? Ach ja, ich …", stammelte ich zurück.

„Ja, bitte?"

„Ich muss dir da was sagen."

„Ja, ich weiß, das hast du mir schon am Telefon gesagt. Dann mal raus mit der Sprache."

„Ich … habe mich verliebt."

„Hah, ich habe es doch geahnt, nein, gewusst habe ich es. Darauf trinken wir. Wurde ja auch endlich mal Zeit, dass du über mich hinwegkommst. Prost!"

„Ja … Prost!"

Sich erst mal ein bisschen Alkohol zu genehmigen, erschien mir plötzlich als eine ziemlich gute Idee.

„Ist was? Schmeckt es dir nicht?", fragte ich, aber es konnte ihr nicht schmecken. Maries Mundwinkel fielen im rechten Winkel nach unten.

„Ja, sag mal, das soll eins zu drei sein? Wem willst du das denn einreden?"

„Wieso denn? Der ist schon stärker gemacht, fast genauso viel Wodka wie Saft."

„Ja, willst du mich denn vergiften? Eins zu drei! Ein Teil Orangensaft auf drei Teile Wodka!"

„Du spinnst!"

„Wir haben doch was zu feiern, beweg dich!"

Na schön. Ich nahm die beiden Gläser mit in die Küche, die zwar laut Mietvertrag nur eine Kochnische ist, aber da ich das Wort Kochnische immer mit kleinen Wohnwagen auf provinziellen Campingplätzen assoziiere und Camping verabscheue, bevorzuge ich Küche als Bezeichnung für die drei Quadratmeter. Nachdem ich die beiden Gläser in das Spülbecken geschüttet hatte und einen zweiten Mixversuch startete, merkte ich plötzlich, dass ich anfing zu schwitzen. Es war, als ob jemand ein filmisches Mittel in meinem Kopf eingesetzt hätte, die Bewegungen verlangsamten sich und die Geräusche wurden lauter.

„Hallo! Steffen!"

„Ja? Was denn?"

„Dich muss es ja schwer erwischt haben, da ist deine Zimmerpflanze gesprächiger. Gießt du die eigentlich im Monatsrhythmus?"

„Nein, nein."

Mit den neuen Getränken, die jeder Kampftrinker als Herausforderung betrachtet hätte, ging ich zurück zu Marie.

„Du sollst mal von ihr erzählen. Wie heißt sie, wie alt, was macht sie, ist sie bei dir im Semester und vor allem, wann macht sie einen Termin für ein Vorstellungsgespräch bei mir?"

„Nein."

„Was?"

„Nicht bei mir im Semester."

„Ja, sag mal, ist sie ein Pflegefall oder schlägt die Liebe bei dir auf das Sprachzentrum?"

„Nein, nein."

„Gut, ich bin ja zum Glück ein geduldiger Mensch. Wir versuchen es mal ganz langsam. Also, wie ist denn ihr Name? Du weißt schon: Ich bin Marie, der andere, offensichtlich etwas verwirrte Mensch in diesem Raum heißt Steffen. Und sie?"

Es war ein Gefühl, das im Magen anfing und langsam nach oben drängte. Es war so einfach, man musste nur der menschlichen Anatomie folgen und den Mund öffnen. Als ich diese Gedanken innerlich formulierte, geschah auf einmal etwas Wunderbares. Ich sah Marie an und mit einer nie da gewesenen Gelassenheit passierte es plötzlich ganz wie von selbst.

„Sebastian!"

Zu diesem Zeitpunkt kannte ich diese Frau seit acht Jahren, aber diesen Gesichtsausdruck, da war ich mir sicher, würde ich nicht noch ein zweites Mal bei ihr hervorrufen können. Es war eine Mischung aus Überraschung, Führerscheinfoto und der halbseitigen Lähmungserscheinung nach einem Schlaganfall.

Ohne etwas zu sagen, stand Marie auf, ging in die Küche, schüttete ihren Drink in den Abfluss und kam mit der Wodkaflasche unter dem Arm zurück. Ich war mir nicht sicher, wie ich mich verhalten sollte, aber sie goss ganz ruhig den Wodka in ihr Glas und trank die durch ein paar Fruchtfleischreste etwas trübe Flüssigkeit in einem Zug aus. Ich konnte nicht anders, ich musste lachen. Marie sah mich etwas verwundert an und schmiss sich dann lachend neben mich auf das Bett.

„Und? Was meinst du, ist das so eine Phase oder etwas Dauerhaftes?", fragte sie schließlich.

„Ich weiß nicht genau, aber es fühlt sich einfach gut an."

„Das ist die Hauptsache, und bevor wir hier allzu kitschig werden, lass dich noch einmal drücken. Ich habe Hunger und muss wieder rüber zu Sabrina."

„Aber willst du nicht noch bleiben?"

„Warum? Ich sage doch, ich habe Hunger!"

„Na ja, aber hast du nicht noch ein paar Fragen?"

„Steffen, du bist schwul oder momentan schwul oder was auch immer. Was soll's? Wie das funktioniert, habe ich schon mal gehört, und dass du in meinem Ansehen dadurch weder steigst noch fällst, solltest du wissen. Aber jetzt habe ich Hunger."

„Ja, wenn du meinst."

„Und über Sebastian erzählst du mir alles haarklein am Sonntag. Wie ich Sabrina kenne, schläft die den ganzen Tag."

„Also gut, dann …"

„He, ich hab dich lieb!"

„Ich dich auch."

„Gieß deine Pflanze!"

Mit diesen Worten stand Marie auf, drehte sich noch einmal um, zwinkerte mir zu und ging aus der Tür.

Ich saß allein in meiner Wohnung und hätte vor Freude zerspringen können. Dass ich schwul war, wusste ich schon lange. Eigentlich schon immer. Ich hatte das in der Pubertät auf die unterschiedlichsten Weisen verdrängt.

Wenn ich Männern hinterhergesehen habe, dachte ich, das sei eine solche Phase und würde sich bald wieder legen. Als ich auf Partys betrunken war und mit Frauen rumgeknutscht habe, war ich beruhigt, weil alles in Ordnung zu sein schien, schließlich hat es mir ja gefallen. Ich habe mir Freundinnen gesucht, hatte aber Angst, mit ihnen zu schlafen, oder einfach keine Lust, im wahrsten Sinne des Wortes. Als es mir klar wurde und kein Zweifel mehr bestand, war es wie eine Glasscheibe, hinter der das Leben wartete. Ich müsste sie nur zerschlagen und heraustreten. Aber dann war da dieses Gefühl der Lähmung. Man kann sich nicht bewegen und so gingen die Jahre ins Land. Ich fühlte mich auch nicht wirklich schlecht, weil ich mich irgendwie mit diesem Teil von Unglück in mir abgefunden hatte.

Dann kam der Umzug nach Hamburg. Heraus aus der Kleinstadt, weg von den Eltern und hinein in die Zukunft. Ich wusste, dass sich in einer großen Stadt wie Hamburg etwas ändern würde. Zumindest war das meine große Hoffnung.

Und tatsächlich. Drei Monate vor diesem Treffen mit Marie hatte ich Sebastian kennengelernt. Durch eine Kommilitonin. Er war ein bisschen größer als ich, sportlich, und sah so aus wie die coolen Jungs, die früher immer sämtliche Tricks mit dem Skateboard konnten. Und er war schwul. Wir haben uns ein paar Mal zu dritt getroffen, waren im Kino, haben Monopoly gespielt und uns gegenseitig bekocht.

Es war schön. Ich fühlte mich so sehr zu ihm hingezogen, dass jede zufällige Berührung von ihm mich nahe an den Rand eines Herzstillstandes brachte. Nachdem wir uns ein paar Wochen kannten, lud er mich per SMS zu sich nach Hause ein. Mich allein. Ich sollte ihn anrufen.

Ungefähr zwei Stunden hatte ich den Telefonhörer in der Hand, hörte im Repeat-Modus ein und dasselbe Lied von Alanis Morisette, *Hands Clean*, bis ich mich endlich getraut habe, seine Nummer zu wählen. Wir haben uns verabredet und einen Film ausgeliehen, über dessen Handlung ich aber nichts mehr sagen kann. Ich kann mich nur noch daran erinnern, dass es um Hunde-Frisur-Wettbewerbe ging.

Wir saßen nebeneinander auf Sebastians Sofa und mit jedem Atemzug versuchte ich seinen Geruch noch etwas tiefer einzuatmen, um ihn niemals wieder zu vergessen. Der Film war zu Ende, der Abspann lief über den schwarzen Bildschirm des Fernsehers, Sebastian lehnte sich nach vorne, weil er den Namen eines Schauspielers wissen wollte. Ich sah ihn an, sah seine Schultern unter dem olivgrünen T-Shirt, seine verwuschelten, braunen Haare, seine Hand, mit der er die Fernbedienung hielt. Stille. Der Abspann war vorbei. Sebastian atmete laut ein, stützte sich mit seinen Armen auf den Knien ab und wollte aufstehen.

„Ich würde dich gerne küssen."

Er sah mich an. Ich hörte meine Worte noch immer im Raum. Er saß neben mir und sah mich einfach nur an. Endlich hatte ich es gesagt. Ich hörte mein Herz laut schlagen und war überrascht. Das hatte ich bisher immer für ein Gerücht gehalten. Ich konnte mir nie vorstellen, das eigene Herz schlagen zu hören. Aber es stimmte doch. Mein Blut rauschte in meinen Ohren, als ich mich langsam zu ihm hinüberneigte. Er sah mich immer noch an, ohne eine Miene zu verziehen. Sein Mund war leicht geöffnet. Ich küsste ihn und fühlte seine Bartstoppeln, die Bartstoppeln über seinem Mund an meinen Lippen.

„Ich dachte, du bist hetero", sagte Sebastian langsam.

„Das dachte ich eigentlich auch."

Ich verschwieg ihm, dass ich schon längst wusste, dass ich schwul war. Das hätte meine Persönlichkeit wohl ziemlich kläglich aussehen lassen.

„Hör mal, Steffen, ich bin jetzt müde, aber ich würde dich gerne nächste Woche wiedersehen."

„Äh, ja, prima, also dann werde ich jetzt mal los."

Ich ging die ganze Strecke von Sebastians Wohnung bis zu mir nach Hause zu Fuß, habe dabei eine Zigarette nach der anderen geraucht und hatte die ganze Zeit nur einen Gedanken: Frei sein.

Und nun hatte ich es Marie gesagt. Ich hatte es ausgesprochen. Jemandem erzählt. Der Duft ihres Parfüms lag immer noch in der Wohnung. Ich wusste nicht, wie lange sie schon weg war.

Ich stand auf. Seltsam. Wie nach einer Fahrt mit der Achterbahn. Das Kribbeln im Bauch war noch da und man möchte am liebsten sofort noch einmal. Ich ging zum Telefon. Eine unheimliche Ruhe lag in meinen Bewegungen. Ohne zu überlegen, wählte ich die Nummer.

„Auerbach."

„Hallo, Mama, ich bin's."

„Hallo, mein Schatz, geht es dir gut?"
„Ja, alles bestens."
Ich konnte nicht fassen, welche Sicherheit mich auf einmal umgab, als ob man schon im Vorfeld wüsste, dass man aus einem Spiel nur als Sieger hervorgehen kann.
„Mama?"
„Ja?"
„Kannst du dich noch daran erinnern, dass du mir mal gesagt hast, ich müsste ausprobieren, ob ich lieber mit Frauen oder mit Männern schlafe?"
Schweigen. Ich hörte nur ein leises Rascheln im Hintergrund.
„So, ich bin erst mal aus dem Wohnzimmer gegangen. Papa liegt da und schläft."
Ich wusste, dass der Ortswechsel nichts mit meinem schlafenden Vater zu tun hatte, sondern eher mit meinem Vater, der hellwach neben meiner Mutter auf der Couch saß. Das war schon immer so. Meine Mutter hatte immer alles, was meinen älteren Bruder Alexander und mich betraf, zuerst allein erfahren wollen, besonders die negativen Ereignisse, um meinen Vater schonend, aber stets offensiv auf die Neuigkeiten vorzubereiten.
Ich stellte mir meiner Mutter vor, wie sie wohl da saß, in einem ihrer Schlafanzüge und darüber wahrscheinlich ihren roten Seidenbademantel, den Hörer in der Hand, in Erwartung meiner Neuigkeiten, deren Ausmaß sich sie sich in diesem Moment vergeblich vorzustellen versuchte.
„Ja?", fragte sie, nicht in der Lage, ihre Angst zu verbergen.
„Es sind Männer."
„Wie bitte?"
Typisch. Meine Mutter erhoffte sich, mit dem Nachfragen etwas Zeit herauszuschlagen, um auf eine richtige Antwort zu kommen. Deswegen wird uns als Kind stets eingetrichtert, nicht ständig „Was?" zu fragen. Zwei Silben bedeuten einen

wesentlich längeren Überlegungszeitraum. So sind Eltern; sie wollen nur das Beste für einen. Aber in diesem Moment schien mir mein Bestes nicht unbedingt das Beste für meine Mutter zu sein.

„Mama, ich glaube, ich bin schwul."

„Aber wie kommst du denn darauf, Steffen?"

„Ich habe mich in einen Mann verliebt. Er heißt Sebastian."

„Ach, Schatz, das ist bestimmt nur so eine Phase."

Das hatten wir nun davon. Bi war ohnehin jeder, Prominente schmückten sich mit Begriffen wie „metrosexuell" und Mädchen küssten ihre Freundinnen nur so zum Spaß mit Zunge. Mittlerweile gab es offensichtlich nicht nur einschlägige Lebensphasen – die wilden Zwanziger, die Mid-Life-Crisis oder den zweiten Frühling –, sondern auch sexuelle Neigungen, besonders die Außergewöhnlichen, ließen sich, dem Himmel sei Dank, ganz schnell auf eine Phase reduzieren.

„Nein, Mama, ich glaube nicht."

„Aber woher willst du das denn jetzt schon wissen?"

Schon? Mit zwanzig erwarteten andere ihr zweites Kind. In meinem Magen machte sich ein mir unbekanntes Gefühl bemerkbar. Zum ersten Mal spürte ich so etwas wie eine eigene Initiative für mein Leben. Es war etwas anderes als beim Umzug nach Hamburg ein Jahr zuvor. Mir wurde klar, dass es nicht nur darum ging, meiner Mutter beizubringen, dass ich schwul war, sondern darum, ihr zu erklären, wie ich lebte oder zumindest leben wollte.

„Ich weiß es eben."

Stille. Ich hörte, wie meine Mutter am anderen Ende leise anfing zu weinen.

„Mama, ich …"

„Ach, Schatz, ich weiß … ich weiß einfach nicht, was ich dazu sagen soll, aber du weißt ja, dass ich dich sehr lieb habe, und da spielt es überhaupt keine Rolle, ob du jetzt nun … also, dass du …"

„Ist schon gut."
„Ich werde jetzt erst mal mit Papa sprechen."
„Wirst du es ihm sagen?"
„Na ja, früher oder später muss ich das wohl."
„Ich denke, es ist besser, wenn ich das mache."
„Wie bitte?"
„Ich finde, ich sollte das machen."
„Nein, nein, lass mich erst mal mit ihm reden. Ich rufe dich morgen an, ja?"
„Okay, ich hab dich lieb."
„Ich dich auch."
Wieder war da dieses Kribbeln im Bauch. Klirr! Ich musste an meine Glasscheibe denken, die jetzt nur noch ein erbärmlicher Scherbenhaufen war. Ich verspürte unheimliches Glück. Ein ganz neues und wunderbares Leben lag vor mir, jetzt, genau in diesem Moment, fing es an, mein neues, wirkliches Leben.

Das Telefon klingelte.
„Ja … Auerbach."
„Hallo, Steffen, ich bin's."
Ich hörte deutlich die Unsicherheit in der Stimme meines Vaters. Die Rollenverteilung war und ist, was das Menschliche angeht, bei meinen Eltern ganz klassisch verteilt. Meine Mutter ist für das Emotionale zuständig, mein Vater für den Lohnsteuerjahresausgleich.
„Wie geht es dir?", fragte mein Vater, bemüht, einen möglichst neutralen Ton zu wahren.
„Gut, danke", antwortete ich ruhig.
Ich sah förmlich meine Mutter neben dem Telefon stehen, um meinen Vater mit ihrem Blick dazu zu bewegen, endlich zur Sache zu kommen. Vergebens.
„Gut, was macht die Uni?"
„Alles in Ordnung."
„Gut."

Er würde es nicht ansprechen. Er würde es auf keinen Fall ansprechen.
„Papa, was sagst du denn dazu?"
„Wozu?"
„Na, du weißt schon."
„Wie bitte?"
Meine Eltern beherrschten die Regeln beide gleichermaßen.
„Na, dass ich schwul bin."
Seltsam. Bei meiner Mutter ging mir das bewusste Wort wesentlich leichter über die Lippen. Ein Outing schien bei Vätern generell schwieriger zu sein. Vielleicht lag es daran, dass man einer ihrer größten Leidenschaften, nämlich den Frauen, offiziell abschwor, aber schließlich hatte ich das auch schon mit Fußball und seiner alten Carrera-Bahn getan.
„Ich kann es nicht verstehen, aber wenn du meinst, dass es für dich das Richtige ist, ist soweit alles in Ordnung."
„Äh … gut. Danke."
„Was macht das Wetter in Hamburg?"
In dieser Nacht konnte ich nicht schlafen. Zu viele Gedanken gingen mir im Kopf herum. Mein Coming-out. Warum erst jetzt? Endlich! Sebastian! Sebastian würde mein erster Freund werden. Mein Freund.

Noch immer liege ich im Bett. Thorsten muss schon vor einer Stunde gegangen sein. Mein Gott. Vier Jahre. Das alles ist inzwischen über vier Jahre her. Und vier Jahre sind in den Zwanzigern ein Quantensprung. Die Clerasil-Produkte sind diversen Feuchtigkeitscremes gewichen, der Zauber des Coming-outs, der sich weit über drei Monate erstreckt hat, im schwulen Alltag längst verflogen, meine Homosexualität für mich und mein Umfeld dafür selbstverständlich geworden.

Meine Mutter erzählt noch heute voller Stolz, wie sie damals auf Bruno Junghansens sechzigstem Geburtstag nach einem Schwulenwitz von Brigitte Taufstein aufgestanden ist und vor versammelter Mannschaft sagte: „Steffen ist homosexuell und überhaupt nicht tuntig." Damit wurde das Getuschel in der Nachbarschaft vom eigentlichen Skandal überrundet und war bald kein Thema mehr im Rosenweg. Auch die Schwulenwitze erfreuen sich seitdem nicht mehr allzu großer Beliebtheit. Zumindest nicht dann, wenn meine Eltern eingeladen sind.

Das Post-Abitur-Distanz-Freundschafts-Phänomen zwischen Marie und mir hat sich über die Jahre weiterentwickelt und bald haben wir unser Fünfjähriges. Pünktlich am Tag meines Coming-outs, weil wir laut Marie genau an diesem Tag die Beziehung angefangen haben, die am besten zu uns passt: platonische Liebe mit Begründung.

Aus Sebastian und mir ist natürlich nie etwas geworden. Er hat mich bei unserer zweiten Verabredung ins *Karo* mitgenommen, einen schwulen Club in Hamburg. Ein Kind, das zum ersten Mal Schokolade probiert, ist fasziniert von dem Geschmack und kann sich nicht vorstellen, jemals wieder etwas anderes zu essen. Gerät dieses Kind aber in einen Süßwarenladen, ist der erste Biss schnell vergessen. Obwohl es zwischen Sebastian und mir nie zu irgendeiner Art von Biss gekommen ist. An jenem Abend im *Karo* bin ich, als sie das Licht anknipsten, mit Stuart nach Hause gegangen, einem attraktiven Werbekaufmann mit amerikanischem Akzent. In seiner Wohnung haben wir uns nach schlechter Kitschromanmanier die Klamotten vom Leib gerissen, und auf Stuarts Parkettboden hatte ich mein erstes Mal. Ich war danach ziemlich glücklich, aber ich hatte schließlich keine Vergleichsmöglichkeiten.

Seltsam. Damals war alles so einfach, so unkompliziert. Ich habe mich ins Leben gestürzt und war gespannt auf das, was dabei herauskam. Heute fällt es mir schon schwer, mich für eine Margarinesorte zu entscheiden.

Aber immerhin ist da auf einmal ein anderer Mann. Thorsten. Und er kommt genau zum richtigen Zeitpunkt. Vielleicht sollte ich das einfach genießen, ohne alles zu analysieren. Aber Moment mal. Das ist doch mehr als verdächtig. Warum ausgerechnet jetzt? Bin ich etwa mitten in diesem Konkurrenzkampf und benutze Thorsten als Geheimwaffe gegen Andreas? Nein, es kann nicht nur darum gehen. Schließlich war das Bauchkribbeln für mich eine Überraschung und hatte nichts mit Andreas zu tun.

Nach einer Trennung beschleicht dich ja oft das Gefühl, dass da nie wieder ein Mensch in dein Leben treten kann, der so ist wie der eine. Andreas hat mal gesagt, vor mir hätte er nicht gewusst, was Liebe eigentlich ist. Ich war für ihn, genauso wie er für mich, die erste ernsthafte Beziehung. Allerdings war er mit zweiunddreißig und sieben Jahre nach seinem Coming-out schon fast bereit, aufzugeben. Er hatte die üblichen Beziehungsversuche, die sich von einer Woche bis zu sechs Monaten erstreckt hatten, bis sie ihm dann zu anstrengend, zu distanziert, zu nah, zu lieblos, zu schwierig oder einfach nicht zu fassen waren.

Dann sei ich gekommen. Er hat mich zur Tür hereinkommen sehen und gewusst, dass ich der bin, den er beim Universum bestellt hat. *Bestellungen beim Universum* ist ein kleines esoterisches Buch zur Wunscherfüllung. Sei glücklich und das Glück ist mit dir. Das hat Andreas mir erst Monate später verraten, was in der Tat ein sehr großes Glück war, denn sonst hätte ich ihn wahrscheinlich sehr schnell in meine Eso-Mensch-Schublade gesteckt, die bei mir nicht sonderlich beliebt ist.

Aber Andreas hatte etwas an sich, das mich vom ersten Moment an fasziniert hat. Was das war, kann ich nicht einmal heute genau beschreiben. Vielleicht war es am Anfang nur das Gefühl, dass er sich so sehr für mich interessierte.

Dann ging alles sehr schnell und wir waren zusammen. Einfach so hatte ich meinen ersten Freund, der sich zu meiner ersten Liebe mauserte. Wenn Schwule ihre erste langfristige Beziehung eingehen, ist dass so, als ob ein Vulkan voller Sehnsüchte ausbräche, und alle Vorstellungen, alle Erwartungen, alle Träume, die man in seinem pubertären, heterosexuellen Vakuum hatte, explodieren in einem unvergleichbar glücklichen Lavastrom. Aber auch nachdem dieser Strom erkaltet war und der Alltag Einzug gehalten hatte, waren Andreas und ich noch da.

Ich glaube, das Geheimnis einer funktionierenden Beziehung ist Organisation, mit sich und dem anderen, und bei uns hat sich alles wie von selbst gefügt, alles verlief auf dem schmalen Mittelweg zwischen Selbstständigkeit und verliebtem Paar. Genau wie ich es wollte, wie ich es mir vorgestellt hatte. Aber die Dinge verschieben sich mit der Zeit, Menschen ändern sich, ganz leise. Es passiert, ohne dass man wirklich Notiz davon nimmt, und oft ist es dann zu spät.

Trotzdem weigere ich mich zu glauben, dass Thorsten nur als Platzhalter für Andreas dient. Oder vielmehr als Gegenargument zum herzlosen Pferdegebiss. Ich mag Thorsten doch und die Nacht mit ihm war wirklich sehr schön. Außerdem wollte ich das Ganze doch lockerer angehen. Nein, es geht nur um Thorsten. Hoffentlich.

Mein weiterer Sonntag verläuft ziemlich ereignislos. Wie die meisten Sonntage. Erst gegen 19 Uhr verlasse ich die Wohnung und bin auf dem Weg zum Zigarettenautomaten. An einer roten Ampel sehe ich auf mein Handy. Eine Kurzmitteilung. Ich drücke auf den Anzeigen-Knopf und hoffe, dass es Thorsten ist. Für einen kurzen Moment denke ich auch an Andreas, aber als der Name Alexander erscheint, verwerfe ich diesen Gedanken so schnell wie möglich.

„Hallo, Steffen, ich hoffe, dir geht es gut. Hast du schon an ein Weihnachtsgeschenk für Mama und Papa gedacht?“

Das Verhältnis zu meinem Bruder Alexander ist prächtig; vor allem nach meinem Coming-out hat es sich sehr gebessert. Warum, weiß ich auch nicht genau.

Alexander war das Problemkind in der Familie. Drogen, Motorradunfälle, jede Menge Polizeibesuche bei uns zu Hause. Ich denke, er vermutete damals, dass mein Schwulsein all seine Delikte in den Schatten stellt und ich auf einmal für meine Eltern das größere Problem bin. Aber Alexander ist wesentlich ruhiger geworden, seitdem er die dreißig überschritten und einen relativ sicheren Job in einer Spedition hat. Außerdem ist er seit drei Jahren mit Paula, einer Grundschullehrerin, zusammen, und Paula ist die Ruhe in Person.

Aber bei den Weihnachtsgeschenken scheint Alexander sich nach wie vor auf mich zu verlassen, nachdem er meiner Mutter vor drei Jahren einen Schlafanzug gekauft hatte, der selbst Miss Piggy zu weit gewesen wäre.

Weihnachten. Es ist also schon wieder so weit. Wahrscheinlich werde ich wie immer kurz vor meiner Heimreise am 23. Dezember durch die Geschäfte rennen, auf der Suche nach Geschenken. Aber dieses Jahr klebe ich mir Stahlkappen an die Ellenbogen.

Ich schreibe Alexander, dass ich mich um ein Geschenk kümmern werde, und mache mich mit einer frischen Zigarettenschachtel auf den Weg nach Hause.

Es ist Donnerstag, 15 Uhr. In zwei Stunden kommen meine Eltern und meine Wohnung ist das reinste Schlachtfeld. Dreckiges Geschirr, Staubschichten auf sämtlichen Möbeln und mein Spiegel wäre bestens für ein Panoptikum geeignet, so verzerrt, wie ich mir da entgegenschaue. Ich drehe die

Musik laut auf und fange mit dem Putzen an. Draußen ist es eigentlich schon den ganzen Tag dunkel.

Für meine Nachbarn muss das hier eine großartige Show sein. Da meine Rollos oben sind und ich das Licht anhabe, haben im gegenüberliegenden Haus mindestens vierzig Leute die Gelegenheit, mir beim Saubermachen zuzusehen – und das Ganze in Unterhose. Vielleicht sollte ich mich nachher mit einem Hut in den Innenhof stellen und Kleingeld verlangen. Mal sehen.

Während ich mein Bett neu beziehe und die alte Wäsche in den Wäschekorb schmeiße, denke ich an Thorsten. Er hat sich die ganze Woche nicht gemeldet. Ich war wütend. Wurde jeden Tag wütender. Nicht, weil er sich nicht gemeldet hat, sondern weil es mich überhaupt nicht gestört hat. Scheinbar habe ich mich doch getäuscht; mein Bauch war zu vorschnell. Thorsten bleibt eine schöne Samstagabendalternative und Andreas ist und bleibt der unangefochtene Sieger im Konkurrenzkampf.

Der Staubsaugerbeutel ist voll. Das auch noch. Schnell ziehe ich mir meinen Jogginganzug an, den ich auch schon trug, als ich mit sechzehn ins Tenniscamp gefahren bin, und laufe runter zum Müllcontainer.

Ich öffne gerade die Klappe, als ich Thorsten um die Ecke biegen sehe. Um jetzt schnell ins Haus zurückzuspringen, ist es zu spät. Ich verstecke mich hinter dem Container und hoffe, dass er schnell vorbeigeht, weil dieser Jogginganzug nun wirklich nicht für meine Mitmenschen bestimmt ist.

Seltsam. Wo ist er denn bloß? Eigentlich müsste er schon längst an meinem Haus vorbeigelaufen sein, aber keine Spur. Ich linse vorsichtig über den Rand des Müllcontainers. Thorsten ist nicht zu sehen. Ich überlege kurz, ob ich mir das Ganze nur eingebildet habe, aber vielleicht ist er auch umgedreht, weil er zu Hause etwas vergessen hatte. Also stehe ich auf, schütte den vollen Staubsaugerbeutel in den Müll und gehe wieder …

„Thorsten, du … äh, wie, also, ich meine, was machst du denn hier?"

Da steht er vor meinem Haus und sieht mich an, als wäre ich ein gesuchter Massenmörder. Den Jogginganzug schmeiße ich morgen weg.

„Ich … äh …", stottert er.

„Wolltest du zu mir?"

Trotz meines Outfits, das mir beim Flohmarkt wohl höchstens fünf Cent einbringen würde, merke ich schnell, dass Thorstens Unsicherheit meiner eigenen weit überlegen ist.

„Nein, nein, ich … doch, also ich hab dir einen Brief in den Briefkasten geworfen."

„Einen Brief?"

„Ja."

„Und sind da so Kästchen drauf, bei denen ich eins ankreuzen muss?"

„Wie? Ach so, nein, ich muss jetzt auch leider schnell weiter, also dann, bis dann."

Wie von der Tarantel gestochen haut Thorsten ab. Sehr merkwürdig. Ein Brief – offensichtlich muss es für ihn dann doch ernster sein, als ich dachte. Komisch, jetzt, wo ich weiß, dass er mehr Interesse für mich zu haben scheint, rappelt sich mein Bauch kurz vor dem Auszählen noch einmal auf.

Ich laufe schnell nach oben, hole den Briefkastenschlüssel und tatsächlich finde ich wenig später einen weißen Umschlag ohne Briefmarke.

Ich setze mich auf mein Bett, zünde mir eine Zigarette an und öffne Thorstens Brief.

Lieber Steffen,

entschuldige, dass ich mich erst jetzt bei dir melde, aber das hat einen bestimmten Grund. Am besten ist es wohl, ich rede nicht lange um den heißen Brei herum, sondern sage bzw. schreibe dir gleich, was los ist. Also, ich hatte am letzten Freitag Sex mit einem Bekannten von mir, bei dem Filzläuse diagnostiziert worden sind. Er hat mich damit angesteckt und höchstwahrscheinlich hast du sie seit dem letzten Samstag auch. Du kannst dir vorstellen, wie unangenehm mir diese ganze Sache ist, und es tut mir wirklich sehr leid. Geh bitte auf jeden Fall zum Arzt und lass dich untersuchen. Die Behandlung ist nicht aufwändig und du bist es auch schnell wieder los.
Ich hoffe, du bist mir nicht allzu böse.

Bis bald
Thorsten

Als ich neun war, hatten wir eine Ameisenplage bei uns im Haus. Ich erinnere mich, dass ich auch noch Wochen später, als schon längst alle Ameisen beseitigt waren, immer noch einen Juckreiz verspürte, wenn ich auch nur an Ameisen dachte. Ähnlich wie jetzt. Oh mein Gott. Ich sitze auf meinem Bett und es juckt mich überall. Das Telefon klingelt.

„Hallo?"

„Du sollst dich doch nicht immer nur mit Hallo melden."

„Mama!"

„Ja, ich wollte dir nur sagen, dass wir in einer knappen halben Stunde da sind."

„Was?"

„Ja, wir sind gut durchgekommen und dann gleich da, ich freu mich schon."

„Ja! Ja, ich freu mich auch, bis gleich."

Ich knalle den Hörer auf und springe hoch. Was mache ich denn jetzt? Ich kann unmöglich einen Abend im Musical verbringen, wenn da unten Tausende von Parasiten eine Party feiern und dann noch ruhig zwischen meinen Eltern sitzen. Igitt.

Und meine Wohnung. Scheiße. So ein Idiot! Ich renne ins Badezimmer, ziehe meine Klamotten aus und springe unter die Dusche, das nützt vielleicht wenigstens ein bisschen was. Nichts zu sehen, aber die sind wahrscheinlich auch nicht mit dem bloßen Auge zu erkennen.

Mit dem Handtuch um die Hüften renne ich zurück ins Zimmer. Die Wohnung bekomme ich jetzt nicht mehr sauber. Meine Eltern müssen jeden Moment da sein. Ich ziehe mich an, verlasse das Haus, stelle mich auf den Bürgersteig und tatsächlich biegt der Wagen meiner Eltern in die Straße ein.

„Hallo, mein Schatz, gut siehst du aus."

„Hallo, Mama."

Meine Mutter küsst mich und nimmt mich in den Arm. Da fällt mir ein, dass ich die Viecher dabei ja auch schon übertragen könnte. Schnell lasse ich sie los, gehe zu meinem Vater und reiche ihm die Hand.

„Aber warum stehst du denn hier unten in der Kälte?"

„Ja, ich habe gedacht, wir gehen vorher noch einen Kaffee trinken. Ich lade euch ein, schließlich ist es ja ein Geschenk. Wollen wir gleich los?"

Wir sitzen in einem netten Café an den Landungsbrücken. Gleich werden wir dann im Theater im Hafen den *König der Löwen* sehen. Da ich aber momentan der *König der Läuse* bin, hält sich meine Vorfreude in Grenzen. Ich hätte mir am liebsten einen Schnaps bestellt. Aber so sitze ich mit meiner Schale Milchkaffee neben meinen Eltern. Es juckt überall. Die Kellnerin hat vorhin schon etwas komisch geguckt, als ich mir gerade zwischen die Beine gefasst habe, als sie mir den Zucker brachte, nach dem ich verlangt hatte.

„Was gibt es denn Neues, Steffen?“, fragt mein Vater und lehnt sich, wie immer bei solchen Fragen, mit verschränkten Armen in seinen Stuhl zurück.

„Nichts, Papa.“

„Du kommst also über die Runden?“

„Ja.“

„Wenn du Hilfe brauchst, sagst du uns aber Bescheid.“

„Ja … sicher.“

„Ist irgendwas, du wirkst ein bisschen nervös“, mischt sich meine Mutter ein.

„Nein, ich freue mich nur auf das Theater.“

Als später im Theater Tiere aus der afrikanischen Steppe über die Bühne laufen, muss ich unweigerlich an meinen eigenen Kleintierzoo denken. Die legen ja auch Eier, ich glaube sogar subkutan. Unter meiner Haut brüten also gerade Millionen von Filzläusen. Zum Glück ist es im Theater relativ dunkel, so dass mein hektisches Kratzen keinem auffallen dürfte. Meine Eltern verfolgen gespannt das Schauspiel auf der Bühne. Hoffentlich ist es bald vorbei!

„Und, gehen wir noch was trinken?“, fragt meine Mutter.

„Äh, nein, tut mir leid, aber ich habe morgen einen Termin.“

„Was denn für einen Termin?“

„Ach, beim Arzt, ich habe in letzter Zeit immer so leichte Rückenschmerzen.“

„Was? Ist es schlimm?“

„Nein, ich gehe nur mal so hin, mehr als Routineuntersuchung.“

„Na gut, dann fahren wir dich jetzt nach Hause. Gehen wir denn morgen wenigstens noch Mittagessen?“

„Ja klar, können wir machen."

Nach einer weiteren halbstündigen Dusche und nachdem ich die alte Bettwäsche aus dem Wäschekorb in den Müllcontainer geschmissen habe, lege ich mich hin. Beziehungsweise wir, ich und meine neuen Freunde, versuchen zu schlafen. Ich hatte kurz darüber nachgedacht, einen Notarzt zu rufen, mich dann aber dagegen entschieden. Gleich gegenüber ist ein Hautarzt und bei dem werde ich morgen pünktlich um acht Uhr auf der Matte stehen.

Thorsten. So ein Idiot. Eigentlich kann er ja nichts dafür. Er hat es am Samstag ja selber noch nicht gewusst. Es muss ihm schon ziemlich peinlich sein, aber trotzdem habe ich ein gutes Recht, sauer auf ihn zu sein.

Nach einer mehr oder weniger schlaflosen Nacht sitze ich im Wartezimmer bei Dr. Deinecke, Dermatologe. Außer mir ist nur noch ein Junge da, der ganz offensichtlich wegen seiner Akne bei Dr. Deinecke zu Besuch ist. Der arme Kerl. Er ist ungefähr sechzehn, sein Körper ihm viel zu groß und seine Brille viel zu klein. Er erinnert mich an mich auf den Höhen meines Pubertätsfluges. Ich würde ihm gerne sagen, dass sich das alles mit den Jahren legt. Allerdings sitzt du dann hier, weil unzählige Filzläuse dir gerade die Haut zerfressen. Meine Vorstellung von dem, was Filzläuse so alles anstellen können, hat sich über Nacht in einen zweitklassigen Horrorfilm verwandelt.

Ich bin dran.

„Guten Morgen, Herr Auerbach."

Dr. Deinecke ist ziemlich dick, trägt eine silberne Nickelbrille und scheint selbst nicht viel von Hautpflege zu halten.

„Morgen."

„Wo brennt es denn?"

Das muss wohl die Standardfrage eines Hautarztes sein.

„Ich hatte, also letzte Woche hat ein Freund bei mir übernachtet, bei dem Filzläuse diagnostiziert worden sind, und jetzt wollte ich mich vergewissern, ob ..."

„Verstehe, aber ich denke, ich kann Sie da schon im Vorfeld beruhigen. Normalerweise übertragen sich Filzläuse nur durch engen Körperkontakt."

„Den hatten wir."

„Ach so, ja dann, also ich meine ... lassen Sie mal sehen."

„Bitte?"

„Ich müsste mir dann mal diesen Bereich da ansehen."

Dr. Deinecke zeigt ziemlich nervös auf meine Hose. Ich verstehe. Er ist sichtlich irritiert.

Wahrscheinlich gehört er zu denen, für die alle Schwulen immer bauchfrei herumlaufen und permanent Cher über ihren iPod hören. Ich öffne meine Hose und ziehe die Unterhose herunter, normalerweise mache ich so etwas ja nicht so schnell. Dr. Deinecke lehnt sich nach vorne und wirft einen Blick auf meinen Filzlausspielplatz.

„Ich würde sagen, Sie müssen sich keine Sorgen machen."

„Wirklich nicht?"

„Nein, bei Menschen, die sich, nun ja, im Intimbereich rasieren, ist die Ansteckungsgefahr relativ niedrig."

„Gott sei Dank."

„Sie können sich dann wieder anziehen."

„Bitte? Ach so, ja, natürlich."

Erleichtert sitze ich mit meinen Eltern beim Brunch und freue mich immer noch über die beruhigende Diagnose. Ich wusste doch, dass Rasieren nur Vorteile mit sich bringt. Vielleicht sollte ich das Thorsten bei Gelegenheit empfehlen. Für die Zukunft. Obwohl ich nicht glaube, dass unser Verhältnis durch diese Läusegeschichte unbedingt enger werden wird. Filzläuse sind nun mal eher unromantisch und für eine intensivere Zweisamkeit nicht unbedingt förderlich.

Meine Eltern haben sich verabschiedet und ich kann endlich wieder meinem gewöhnlichen Zigarettenkonsum frönen. Thorsten habe ich inzwischen per SMS über meine Keimfreiheit informiert, und durch seine knapp gehaltene Antwort wurde mir schnell klar, dass er sich zwar darüber zu freuen schien, aber auch, dass dies wohl vorerst wirklich unser letzter Kontakt gewesen sein wird. Sämtliche Bereiche eingeschlossen. Ich könnte wahrscheinlich gar nichts mehr mit ihm haben, weil es sich als ziemlich schwierig erweist, Filzläuse aus seinen Gedanken zu verbannen. Seit letzter Nacht weiß ich das.

Also verschwindet Thorsten wieder in der Erinnerungsschublade mit einer kleinen Zusatzinformation – und ich stehe mit einer weiteren Erfahrung wieder auf dem Singlemarkt.

Aber als ich an diesem Abend im Bett liege, bin ich trotz der diagnostizierten Keimfreiheit nicht allein. Andreas und das herzlose Pferdegebiss haben sich erneut unter meine Decke geschlichen.

Eine Trennung birgt immer ein gewisses Risiko. Es ist der Sprung ins Ungewisse. Vielleicht fällt sie manchen deshalb so schwer und ihre langjährigen Beziehungen verwandeln sich in eine Art Zweckssymbiose, die mit Liebe nichts mehr zu tun hat.

Ich war mutig und habe mich getrennt, aber zu welchem Preis, wenn ich mir dabei Filzläuse einfange?

War es das wert? War es richtig, die enorme Sicherheit meiner Beziehung gegen mein jetziges Leben einzutauschen?

Kapitel 3

„Steffen Auerbach."

„Guten Tag, Herr Auerbach, Silvia Brettner, Agentur Media Loft. Wir würden Sie gerne zu einem Casting einladen."

„Das hör ich doch gerne."

„Ja. Es geht um fünf Drehtage für eine neue Krankenhausserie im Ersten. Bei Ihnen würde es um die dritte Folge gehen. Die Termine sind Anfang Januar, das Casting wäre schon übermorgen. 1200 Euro Gage pro Drehtag."

„Super."

„Ja. Sie wären ein Basketballspieler, der sich einen Bänderriss zugezogen hat und sich im Hospital Grünewald – so heißt im Übrigen auch die Serie – verliebt … und zwar in den Krankenpfleger."

„Oh."

„Ja. Quasi eine kleine Coming-out-Geschichte."

„Ja, prima. Wann und wo genau?"

Frau Brettner beschreibt mir kurz und bündig den Weg zu ihrer Agentur. Am Freitag um elf Uhr. Eigentlich sind mir Castings lieber, wenn sie nachmittags sind, dann hat man mehr Zeit, eine kurze Nacht mit ein paar Tricks wieder auszugleichen. Viel Wasser trinken, frische Luft, eine halbe Stunde laufen. Na ja, es ist, wie es ist, dann stehe ich eben um sieben Uhr auf und jogge eine Runde durch den Park oder gehe zumindest schnellen Schrittes meine Brötchen holen.

Schauspieler zu sein bedeutet, ein Leben voller Gegensätze zu führen. Es ist der Himmel auf Erden und der tiefste Abgrund, die Sicherheit, den schönsten Beruf der Welt zu haben, und die Angst davor, die nächste Miete nicht bezahlen zu können. Man macht die fünf Tibeter, um sich möglichst fit zu halten, und raucht danach die sechste Zigarette zum dritten Kaffee, schließlich ist man Künstler.

Damals nach dem Abitur habe ich mich wohl aus rudimentären Pubertätsgründen für diesen Weg entschieden. „Hauptsache anders" war die Devise. Jura, BWL und Medizin standen für mich als Weichenstellung für die nächsten vierzig Jahre einfach nicht zur Debatte. Ich hatte schon früh einen Drang, rauszuwollen. Raus aus dem Kleinbürgertum einer mittelgroßen Stadt im Nirgendwo, raus aus vorgegebenen, fast vorgeschriebenen Lebenswegen ohne abweichende Alternativen und letztendlich wohl auch raus aus einer Welt, in der Homosexualität auf einer Stufe mit den Märchen der Gebrüder Grimm steht.

So landet man, nachdem man die Eltern überzeugt hat, auf einer Schauspielschule und schlägt sich die darauffolgenden drei Jahre mit Körper- und Stimmtraining herum, Lee Strassberg, der deutschen Theatergeschichte und der Frage, wie man einen Stuhl spielt. Dann – und es geht unheimlich schnell – hat man sein Diplom in der Hand, auf dem steht, dass man ab sofort staatlich geprüfter und anerkannter Schauspieler ist. Man hütet es wie seinen Augapfel, kann Stunden damit verbringen, es anzusehen, und irgendwann, wenn man begreift, dass es nur ein Stück Papier ist und man sich davon nicht ernähren kann, landet es in einem Aktenordner zwischen alten Briefen und der Wasserabrechnung vom letzten Jahr.

Plötzlich wird es ernst und immer öfter schaut dann ein alter Bekannter vorbei: Herr Zweifel. Er fragt, ob man sich wirklich sicher ist und ob ein gehbehindertes Lama, das man als Erst-Engagement in einem Weihnachtsmärchen spielt, wirklich das ist, was man sich unter diesem Beruf vorgestellt hat. Einige nimmt er bei der Hand, um sich mit ihnen an der nächsten Universität für einen seriösen Studiengang zu immatrikulieren; andere schlagen ihm schleunigst die Tür vor der Nase zu. Ich habe mit Herrn Zweifel über die Zeit wohl eine Art Fernbeziehung entwickelt. Wenn er in der Stadt ist, kommt er vorbei und wir trinken einen Kaffee zusammen oder gehen ins Kino. Momentan bin ich arbeitslos und Herr Zweifel wohnt gerade in einem schönen Hotel in der Innenstadt. Aufenthaltsdauer ungewiss.

Aber ich habe seit langer Zeit immerhin wieder mal ein Casting. Ein schwuler Basketballspieler, dafür bin ich doch wie geschaffen. Ich bin 1,88 Meter groß, habe in der neunten Klasse bei einem Schulturnier aus circa sieben Meter Entfernung einen Korb geworfen und schwul, das versteht sich wohl von selbst.

Ich sehe auf den Wecker. 10.17 Uhr. Silvia Brettners Tag startet offensichtlich etwas früher als meiner. Momentan jedenfalls. Ich habe noch meine Schlafsachen an und war bei ihrem Anruf gerade dabei, Wasser in die Kaffeemaschine zu füllen.

Heute steht für mich ein Besuch beim Arbeitsamt auf dem Tagesplan, um wieder einmal Arbeitslosengeld zu beantragen. Ein unangenehmes Unterfangen, das das Selbstwertgefühl zur Größe eines Wasserstoffmoleküls zusammenschrumpfen lässt, aber es lässt sich nun mal nicht ändern. Also duschen und dann hinein in die Welt der Wollwesten, Nummernautomaten und Bürokratie.

Im Arbeitsamt hat man immer das Gefühl, fehl am Platz und nur aufgrund eines unglücklichen Zufalls dort hineingeraten zu sein. Ich frage mich, ob die anderen das auch alle denken. Unter hellem Neonlicht sitzen etwa zwanzig Leute auf grauen Stühlen, die mit hartem Stoff gepolstert sind. Einige starren auf die gegenüberliegende Wand, andere spielen mit ihrer gezogenen Nummer in der Hand, die meisten jedoch tippen möglichst beschäftigt auf ihren Handys herum.

Ein Handy gehört heute eben zum nötigen Lebensstandard dazu. Ich bin mir ziemlich sicher, dass alle Handytipper versuchen, einen neuen Rekord bei Tetris aufzustellen, das Ganze aber natürlich als wichtige Kurzmitteilung tarnen. Ich habe mich mal mit einem Typen in einer Bar unterhalten, der in einer kurzen Gesprächspause sein Handy zückte und völlig selbstverständlich zu tippen anfing. Als er hochsah und meinen wahrscheinlich sehr entgeisterten Blick auffing, sagte er nur, er hätte eine dringende Kurzmitteilung verschicken müssen. Ich musste dann dringend weg.

Was früher also erhöhter Zigarettenkonsum bei Rauchern und zerfetzte Bierdeckel bei Nichtrauchern waren, sind heute dringende Kurzmitteilungen auf dem Handy, wenn man nicht so recht weiß, was man jemandem sagen oder was man tun soll. Handys als Verlegenheitskompensator und das alles ohne Grundgebühr. Es lebe die Technik.

Nummer 71 wird aufgerufen. Gleich bin ich dran. Eine Frau steht auf und betritt das Büro, in das der junge Beamte sie bittet. Er hat eine erstaunliche Ähnlichkeit mit Lexi aus *Hallo Spencer*, aber vielleicht hat ihn erst sein Beruf dazu gemacht und er war früher womöglich so cool wie die Quietschbeus. Die Tür schließt sich und eine andere Frau stellt sich in Warteposition direkt davor. Sie trägt eine rosa Jacke mit Puffärmeln über ihrer grauen Jogginghose. Ihre Haare haben eine Farbe, die an eine Sumpflandschaft nach einem starken Unwetter erinnert. Sie sieht mich an, und wenn Blicke töten könnten, wäre ich gut beraten gewesen, mein Testament bereits verfasst zu haben.

Ich schaue zum Fenster hinüber und fange den Blick eines Mannes auf, der dem der Puffjackenfrau in nichts nachsteht. Ich verstehe. Diese Menschen fragen sich, was ich eigentlich hier zu suchen habe. Im Vergleich zu ihnen bin ich relativ modisch gekleidet, mein letzter Friseurbesuch ist gerade mal eine Woche her und der Duft meines Parfüms liegt ihnen wahrscheinlich immer noch in der Nase. Ich sehe ein, dass die beiden, wie alle anderen hier wahrscheinlich auch, doch wesentlich schlechter dran sind als ich. Aber nur weil ich als freiberuflicher Schauspieler in der Regel nur ein paar Wochen arbeitslos bin, heißt das nicht, dass ich keinen Anspruch auf Arbeitslosengeld habe, oder? Schließlich bin ich kein Schmarotzer, sondern habe nun mal gerade kein geregeltes Einkommen. Außerdem brauche ich das Geld wirklich, weil meine Bankberaterin Frau Hübner sicher nicht noch eine Erhöhung meines Dispositionskredits genehmigt. Wie man mit Geld umgeht, wird einem auf der Schauspielschule nämlich leider nicht beigebracht.

Die Puffmutter ist dran und betritt Lexis Büro. Ich frage mich, ob sie ihn als erstes fragt, was ich eigentlich hier zu suchen habe, aber bevor ich zu einer Antwort komme, geht die Tür schon wieder auf und sie verlässt mit noch finsterer Miene den Wartesaal. Das war wohl nicht ihr erfolgreichster Besuch bei Lexi. Während ich noch darüber nachdenke, mit welcher Melodie die Bevölkerung der *Hallo-Spencer*-Welt Galaktika um Hilfe gerufen hat, höre ich Lexi mit lauter Stimme Nummer 73 durch den Wartesaal rufen. Nummer 73, da war doch was? Ja richtig, das ist meine.

Ich sitze Lexi gegenüber und suche nach einem Foto auf seinem Schreibtisch, auf dem eine eventuelle Freundin oder Ehefrau abgebildet ist, aber keine Spur. Vielleicht sollte er es mal mit Nepomuk von nebenan probieren. Er ist sehr blass und seine schiefe Brille mit den roten Bügeln fällt bei seiner grauen Weste über der grauen Hose fast positiv auf.

„Herr Auerbach, haben Sie denn schon einen neuen Arbeitgeber in Aussicht?"

Diese Sachbearbeiter wissen immer nicht so recht, was sie mit mir anfangen sollen. Die ständige Ungewissheit, das dauernde Ringen um neue Engagements ist ja schätzungsweise auch nicht so ihr Ding, sonst hätten sie sich wohl kaum für eine Beamtenlaufbahn entschieden. Augen auf bei der Berufswahl.

Plötzlich muss ich an Andreas denken, der mich beruflich immer unterstützt hat. Er war immer da. Auch noch damals auf der Schauspielschule. Bei jedem kleinen öffentlichen Rezitationsabend saß er mit stolzer Brust in der ersten Reihe. Es ist nicht leicht, jemanden zu finden, der diesen Beruf akzeptiert, geschweige denn, ihn versteht, jemand, der sich auf die Unsicherheiten, mögliche kurzfristige Engagements am anderen Ende des Landes und finanzielle Durststrecken einlässt, und Herr Zweifel sieht auch nicht gerne einen anderen Mann an meiner Seite.

Aber manche Dinge kann man dem ehemaligen Partner erst im Nachhinein anrechnen, wenn sich die Selbstverständlichkeit aus dem Staub gemacht hat. Bedankt habe ich mich dafür eigentlich nie. Und plötzlich frage ich mich, ob ich genauso für ihn da war.

Andreas ist Banker. Jetzt, da ich darüber nachdenke, fällt mir auf, dass das eigentlich alles ist, was ich über seinen Beruf sagen kann. Sicher, ich habe ein paar Kollegen von ihm kennengelernt, war im Groben immer über den neuesten Abteilungstratsch informiert und wusste auch in etwa, womit er sich beruflich zu beschäftigen hat. Aber reicht das aus? Hätte ich mehr für ihn da sein müssen?

„Herr Auerbach?"

„Äh … ja, eventuell ab März. Am Glocken-Theater hier in Hamburg. Für drei Monate."

„Ah ja. Schön. Also müssten Sie Leistungen beziehen im … äh … Januar, Februar und noch anteilig im Dezember, ist das korrekt?"

„Das ist es."

„Gut. Schön. Ich reiche Ihren Antrag dann weiter und Sie müssten dann noch vor Weihnachten Bescheid bekommen."

„Danke."

„Gut, also dann einen schönen Tag noch."

„Danke, Ihnen auch."

So, das wäre geschafft und dieses Mal war es wirklich ziemlich unproblematisch. Ich stehe an der Bushaltestelle vor dem Arbeitsamt und rauche eine Zigarette, als mein Handy klingelt.

„Hallo?"

„He, hier ist Jonas."

Jonas ist einer meiner ältesten Freunde. Als wir uns vor vier Jahren kennenlernten, hat er sich Hals über Kopf in mich verliebt. Ich fand ihn sehr nett, aber eben auch nur das. Trotzdem blieb er dran und schaffte gegen all meine damaligen Erwartungen den Sprung ins Freundschaftsbecken, und als Freund ist er Gold wert. Jonas ist ein typischer Krebs, obwohl er Widder ist. Ruhig, sensibel, nachdenklich, aber vielleicht spielt da der Aszendent oder der neunte Mond im zwölften Haus eine Rolle.

„Was kann ich für dich tun, Jonas?"

„Ich wollte fragen, ob du heute mit ins *Karo* kommst?"

Sofort denke ich an den Samstag im *Stern.* Es ist nicht unwahrscheinlich, Andreas im *Karo* über den Weg zu laufen. Trotzdem. Ich kann mich für die nächsten Wochen nicht in meiner Wohnung einschließen, auch wenn der Gedanke zur Zeit ganz reizvoll ist.

„In Ordnung, als Arbeitsloser hat man doch Zeit."

„Das dachte ich mir. Also treffen wir uns um 22 Uhr in der *Bar Bond* und gehen dann rüber?"

„Okay, dann bis heute Abend."

Geschafft. Gelungene Eigentherapie. Ich werde heute Abend ins *Karo* gehen, und falls Andreas da ist, werde ich ihm sagen, dass ich es an der Zeit fand, ihm seinen Schlüssel zurückzugeben, auch ohne beiliegenden Zettel. Wir werden uns ein bisschen unterhalten, über dies und das, und später dem anderen vielleicht noch Tschüss sagen. Nicht mehr, nicht weniger, und wer weiß, vielleicht ist das auch ganz gut so und mir geht es danach besser. Vielleicht merke ich dann, dass alles doch nicht so schlimm ist und ich mit der Situation besser zurechtkomme, als ich dachte.

Hoffentlich bleibt Andreas heute zu Hause.

Seltsam. Ich bin vor Jonas in der *Bar Bond*. Dass ich mal als Erster da bin, ist mir im Leben, glaube ich, erst einmal passiert. Bei meiner Abiturprüfung im Deutschleistungskurs, als ich um sechs Uhr früh endlich den gesamten Lehrstoff durch hatte und beschloss, direkt in die Schule zu gehen, wohl aus Angst, innerhalb einer Stunde Schlaf Emilia Galottis sämtliche Beweggründe, sich von ihrem Vater freiwillig töten zu lassen, wieder zu vergessen. Es hatte sich gelohnt, zwölf Punkte.

„He, mein Lieber, entschuldige die Verspätung."

Jonas steht neben mir und lächelt mich an, und wenn Jonas lächelt, heißt das, von einem Ohr bis zum nächsten. Er hat das, was andere immer als „niedlich" beschreiben und womit die Beschriebenen meist nicht ganz so glücklich sind. Aber bei Jonas stimmt es wirklich. Mit seinen blonden Haaren, den blauen Augen und diesem Zahnpastalächeln ist er in der Tat die Antwort auf die Frage, was der süße Junge von der Kinderschokolade-Packung eigentlich heute macht.

„Macht ja nichts", antworte ich ihm.

„Wir haben nur den Bus verpasst."

„Wir?"

„Ja! Steffen, das ist Normen."

„Oh, hallo, freut mich, hat Jonas dich auf der Straße aufgelesen?"

Normen schaut etwas verunsichert. Er sieht niedlich aus, eigentlich fast genauso wie Jonas, sehr gepflegt, aber auch etwas langweilig. Ich frage mich, wer er ist.

Wahrscheinlich ein alter Bekannter von Jonas, der für ein paar Tage geschäftlich in der Stadt ist. Jonas arbeitet im Marketing einer Versicherungsgesellschaft. Als Normen sich nach zehn Minuten Stillschweigen entschuldigt, um die Toilette aufzusuchen, ist mein Moment gekommen.

„Also, wer ist er?"

„Wir haben uns vor ein paar Wochen kennengelernt, beim Sport."

„Beim Sport?"

„Ja, er ist klasse. Entspannt, ausgeglichen und intelligent."

Erstaunlich, ich stelle fest, dass die Beschreibungen einer neuen Errungenschaft absolut subjektiv sind. Andere würden Normen eher als schüchtern, langweilig und kommunikativ unterentwickelt beschreiben.

„Ja … auf mich macht er auch einen sehr netten Eindruck."

Ich werde Jonas in jedem Fall beipflichten. Es ist schon überraschend genug, dass er jemanden gefunden hat, mit dem es im Vorfeld offensichtlich keine größeren Komplikationen zu geben scheint. Normalerweise ist Jonas ein Mitglied der zweifelnden Fraktion, die alles und jeden in Frage stellt, bevor überhaupt zwei Sätze gesprochen worden sind. Seit ich ihn kenne, ist er auf der Suche nach einem Freund, und dieser Normen scheint alle Zweifel in seinem cremefarbenen Strickpullover erstickt zu haben. Wenn mich nicht alles täuscht, hat Jonas den gleichen.

Hat Jonas also all die Jahre nicht nach jemandem gesucht, der zu ihm passt, sondern nach jemandem, der so ist wie er? Gleich und gleich gesellt sich gern, Gegensätze ziehen sich an. Auf die Sprichwörter unserer Großeltern ist in diesem Fall scheinbar kein Verlass. Wenn man sich umhört, suchen Singles nach einem Partner, der am besten die gleichen Hobbys und Interessen hat, wie Sport, Lesen oder gemeinsam Kochen. Natürlich, die Freizeit zusammen zu gestalten und sich sicher zu sein, zu zweit Spaß an einer Sache zu haben, ist für eine längerfristige Beziehung mehr als eine gute Voraussetzung. Was ist aber, wenn es sich nicht nur um die gleichen Interessen, sondern auch um den gleichen Charakter handelt? Wurde Dolly also nur geklont, weil liebenswerte Gentechniker ihr den perfekten Partner an die Seite stellen wollten? Haben wir vielleicht nur Chancen auf eine glückliche Beziehung, wenn wir mit uns selbst ein Date haben?

„Und seid ihr schon offiziell zusammen?“, frage ich Jonas.

„Nein. Das ist noch zu früh. Wir verstehen uns einfach gut.“

„Na, das ist ja die Hauptsache.“

Ich wette, dass Normen das genauso sieht.

Wir stehen zu dritt an der Bar im *Karo*. Ich und ein frisch verliebtes, wenn auch noch leugnendes Paar. Es ist fast so, als ob der Kinderschokolade-Junge was mit dem Brandt-Zwieback-Typ angefangen hätte.

Natürlich freue ich mich für Jonas, aber auf der anderen Seite frage ich mich unwillkürlich, wenn jemand wie Jonas, dessen Zweitnamen Skepsis und Abwarten sein könnten, das passende Gegenstück – oder auch das dementsprechende Duplikat – gefunden hat, dann müsste ich doch noch heute Abend mit einem neuen Freund nach Hause gehen.

Aber seit Thorsten und dem Filzlausdesaster verhärtet sich der Verdacht, dass das Einzige in mir, was einen Freund sucht, das kleine gelbe Monster ist, das Andreas und das herzlose Pferdegebiss permanent auf eine Großleinwand in meinem Kopf projiziert. Man sagt ja, eine neue Beziehung kommt immer genau dann, wenn man sie am wenigsten erwartet. Aber stimmt das? Wäre ich im Moment überhaupt wirklich bereit für jemand anderen, der nicht nur als Ersatzbefriedigung herhalten würde?

Auch wenn sich Jonas und Normen noch nicht definiert haben, stellt sich die Frage, wie sehr wir uns darüber definieren, ob wir gerade eine Beziehung führen oder nicht. Als Single sehnt man sich meist nach nichts so sehr wie nach einer glücklichen Beziehung. Hat man diese Beziehung gefunden, frohlockt das Singledasein auf einmal mit einer schier unendlichen Anzahl an Möglichkeiten und Freiheiten, die einem innerhalb einer Beziehung scheinbar verwährt bleiben. Ist es überhaupt möglich, in einer dieser beiden Lebensformen auf Dauer glücklich zu sein, oder macht uns die Sehnsucht nach dem anderen immer wieder einen Strich durch die Rechnung? Man sagt, Warm-Kalt-Duschen erfrischen den Geist und beleben den Kreislauf. Ist es mit unserem Beziehungsverhalten dasselbe? Brauchen wir einen ständigen Wechsel aus Ein- und Zweisamkeit für einen frischeren seelischen Teint?

Ich werde jedenfalls – so viel steht jetzt um 2.43 Uhr fest – das *Karo* als Single verlassen. Außer den üblichen Verdächtigen ist auch schließlich niemand hier. Und eigentlich bin ich froh, dass der Abend relativ unspektakulär verlaufen ist und weder Andreas noch das herzlose Pferdegebiss aufgetaucht sind. Sie scheinen zu Hause mit anderen Dingen beschäftigt zu sein.

„Ich werde langsam los“, sage ich zu Jonas.

„Jetzt schon?“

Ein weiterer Beweis. Wenn man verliebt ist, merkt man nicht, wie schnell die Zeit vergeht.

„Ja, ich bin müde."

„Okay! Sag mal, weißt du schon, was du Silvester machst?"

Natürlich. Die Silvesterfrage. Es ist Mitte Dezember; eigentlich kommt sie in diesem Jahr ziemlich spät.

„Wie jedes Jahr, keine Ahnung."

„Das dachte ich mir. Wir haben uns überlegt, eine kleine Party bei mir zu Hause zu geben."

Da. Das erste Wir. Eindeutiger geht es wirklich nicht.

„Super. Da bin ich natürlich dabei."

Ich weiß nicht, wann ich jemals so früh wusste, wie und wo ich ins nächste Jahr rutsche, aber das erspart mir viele Telefongespräche an Weihnachten.

Freitagmorgen. Ich bin auf dem Weg zum Casting. Ich kann nicht leugnen, dass sich auch bei mir trotz allem die ersten Anzeichen von Weihnachtsvorfreude bemerkbar machen. Aus dem Bus beobachte ich Menschen auf der Straße, die übergroße Einkaufstüten tragen. Überall blinken Lichter in Formen von Sternen und Rentieren und Kinder bekommen auf einmal einen überraschend niedlichen Beigeschmack.

Ich bin fünfzehn Minuten zu früh, aber das war in diesem Fall auch so geplant. Schließlich kann ich auch diszipliniert sein. Ich fühle mich gut, was für ein Casting enorm wichtig ist. Allerdings habe ich mal ein Buch gelesen, *Casting für Profis*, in dem einem nahegelegt wird, sich selbst zehn Minuten lang im Spiegel anzugrinsen und dabei zu sagen, wie sehr man sich doch liebt. Ich finde, alles hat seine Grenzen.

„Guten Morgen, Steffen Auerbach."

Die junge Frau hinter dem Schreibtisch im Eingangsbereich der Agentur sieht von ihren Unterlagen auf.

„Ach ja, schön, dass du da bist. Ich gebe dir erst mal diesen Bogen, den du bitte ausfüllst, und dann kannst du noch ein Weilchen im Zimmer da vorne Platz nehmen. Kaffee?"

„Ja, mit Milch bitte. Danke."

Ich betrete den Raum und bin etwas überrascht. Es sitzen zwei andere Typen da und lesen Zeitung. Das ist noch ziemlich normal. Castings finden in der Regel immer im Fließbandrhythmus statt. Überraschend ist die Optik der beiden. Normalerweise sehen die Mitbewerber, die man bei einem Casting trifft, so aus wie man selbst oder zumindest so ähnlich. Für Jonas wäre das vermutlich ein Paradies. Aber diese beiden Jungs hier sind zunächst einmal blond und außerdem wesentlich kleiner als ich. Die sollen glaubhaft einen Basketballspieler verkörpern? Na, viel Erfolg.

Nach dem Ausfüllen des Castingbogens blättere ich in einer Frauenzeitschrift herum und versuche dabei ein gewisses inneres Energielevel zu halten. Wow, der Typ in dieser Parfümwerbung sieht wirklich fantastisch …

„Steffen Auerbach, bitte."

„Ja, ich komme."

Das ist immer wie beim Zahnarzt.

„Und Herr Klemmer."

Ich drehe mich um und sehe, wie einer der beiden Blonden aufsteht und mir und der Agenturangestellten in den nächsten Raum folgt. Komisch, werden wir gleich zu zweit gecastet? Na ja, Zeit ist Geld.

„Guten Morgen, ich bin Frau Brettner, wir hatten telefoniert."

„Hallo, Steffen Auerbach."

„Ah, und Sie sind Herr Klemmer?"

Der blonde Junge nickt kurz. Er wirkt ziemlich nervös, vielleicht ist das sein erstes Casting.

„Also, es ist so. Sie stellen sich jetzt beide hintereinander kurz vor der Kamera vor und anschließend spielen wir eine kleine Szene aus dem Drehbuch."

Dieses Vorstellen vor der Kamera ist das Schlimmste bei einem Casting. Man weiß nie so recht, was man sagen soll. Klar, seinen Namen, woher man kommt, wie alt man ist und so weiter. Erstrebenswert wäre es allerdings, das Ganze möglichst originell zu präsentieren, aber eben auch nicht krampfhaft witzig.

„Und bitte!"

„Hallo, mein Name ist Steffen Auerbach, ich bin fünfundzwanzig und wohne in Hamburg. Ich habe mein Studium vor zwei Jahren abgeschlossen und seitdem hauptsächlich Theater gespielt, aber auch schon ein bisschen gedreht. Im Übrigen kann ich toll Basketball spielen und eine Bänderdehnung täuschend echt simulieren."

So ist das immer. Ich fand meinen kleinen Anhang ganz charmant und ziemlich witzig. Allerdings bin ich damit scheinbar allein. Frau Brettner und der Mann hinter der Kamera haben entweder gar nicht richtig zugehört oder wünschen sich vielleicht gerade, sie hätten es besser nicht getan. Egal, den Produzenten muss es gefallen.

„Ja. Gut, danke. Herr Klemmer, dann sind Sie jetzt dran."

Herr Klemmer stellt sich auf das kleine markierte X auf dem Boden und sieht in die Kamera. Er ist unglaublich nervös. Sein rotes T-Shirt kann nicht verbergen, wie sein ganzer Körper zittert.

„Hallo … hm … mein Name ist Florian Klemmer. Ich … äh … wohne auch hier, also in Hamburg, und bin im dritten Semester auf der Schauspielschule. Ja … äh."

„Haben Sie denn schon etwas Kameraerfahrung sammeln können?"

Frau Brettner versucht ihm auf die Sprünge zu helfen. Ich glaube, ihr tut er genau so leid wie mir.

„Na ja, nein, eigentlich nicht so richtig. Nein."

„Und wie alt sind Sie?"

„Ach so, einundzwanzig."

„Gut, danke."

Der arme Herr Klemmer. Mittlerweile hat sein Gesicht die Farbe seines T-Shirts angenommen und man sieht ihm förmlich an, dass er sich gerade fragt, warum er überhaupt Schauspieler werden will. Florian, diese Frage wirst du dir nicht zum letzten Mal stellen.

„So, es ist folgendermaßen. Jeder von Ihnen hat nur einen kleinen Satz. Herr Auerbach, Sie sind ja Martin Brandt, der Basketballspieler, richtig?"

„Genau."

„Na ja, Sie sind ja auch ziemlich groß."

Frau Brettners Lachen erinnert mich an das der alten Damen aus dem Altersheim, in dem ich meinen Zivildienst geleistet habe. Die konnten sich auch immer daran erfreuen, dass ich doch so „ein großer, junger Mann" bin. Die meisten von ihnen sogar jeden Tag aufs Neue.

„Ja. Herr Auerbach, Ihr Text lautet: ‚Rico, ich weiß, es klingt albern, aber ich glaube, ich habe mich in dich verliebt.'"

„Aha."

„Ja. So, Herr Klemmer, Sie sind ja für den Krankenpfleger Rico hier. Sie antworten darauf: „‚Sei einfach still.'"

„Okay."

„So. Dann spielen Sie die Szene einfach mal an. Improvisieren Sie ein bisschen. Am Ende wäre es allerdings schön, wenn es zu einem kurzen Kuss kommt. Das würden die Produzenten gerne sehen. Gut, dann wollen wir mal."

Also, wenn ich jetzt schon ziemlich nervös bin, möchte ich nicht in Klemmers Haut stecken. Wir spielen also eine Szene zusammen. Ich sehe ihn an und versuche ihn mit einem Lächeln zu beruhigen. Oder mich. Ob er schwul ist?

Wir stehen uns gegenüber und warten auf das Startsignal von Frau Brettner. Er kann mir gar nicht richtig in die Augen sehen, versucht es aber dennoch inständig, weil er das wahrscheinlich gerade im Gruppenunterricht auf der Schauspielschule lernt.

„Und bitte!"

Jetzt guckt er mich wirklich an. Wow, wie auf Knopfdruck ist er auf einmal voll da. Nicht schlecht. Steffen, konzentrier dich!

„Also, Rico, hör mal ich … ich weiß, es klingt albern, aber, ich glaube, ich habe mich in dich verliebt."

Ich sage den Satz ganz ruhig und möglichst glaubhaft. Ich finde, das macht man einfach so. Außerdem ist Minimalismus vor der Kamera ziemlich angesagt.

„Sei einfach still."

Die Gedanken im Vorfeld, wie wir zu dem Kuss kommen sollen, hätte ich mir sparen können. Florian nähert sich meinem Gesicht, ich glaube, er muss sich auf die Zehenspitzen stellen, und küsst mich. Kurz, aber nicht zu kurz. Dieser Beruf ist doch wirklich schön.

„Danke! Sehr schön, das war wirklich sehr schön."

Florian muss jetzt circa zwanzig Kilo leichter sein. Wir verabschieden uns von Frau Brettner, verlassen den Raum und gehen wieder in das Wartezimmer. Da ist inzwischen der nächste Martin Brandt eingetroffen. Na bitte, der sieht aus wie ich.

„Wollen wir noch was trinken gehen?", fragt Florian und steht in seiner Jacke und mit aufgeschnalltem Rucksack vor mir.

„Ich dachte, wir rauchen erst mal eine Zigarette danach."

„Klar, willst du eine?"

„Danke. Ich habe eigentlich keine Zeit, aber wir können uns ja unten vom Bäcker einen *coffee to go* holen, okay?"

„Okay."

Ich stehe mit Florian an einem Bistrotisch in der Bäckerei gegenüber. Schwul ist er jedenfalls nicht, aber dafür einundzwanzig.

Egal, was ich ihm erzähle, ich habe Recht. Schließlich bin ich älter und habe die Schauspielausbildung schon abgeschlossen. War ich in dem Alter auch so leichtgläubig? Wie wichtig ist eigentlich das Alter in Beziehungen? Ich höre Florian zu, als er von seinem Studium erzählt, von den frei werdenden Emotionen im Szenenstudium, den tollen Kommilitonen, den beeindruckenden Dozenten. Ich sehe ihn an und kann es nicht leugnen. Auf einmal sehe ich mich selbst da stehen, vor vier Jahren, und irgendwie ist das schön.

Ich überlege. Worin liegt der Reiz der Jüngeren? Wahrscheinlich ist es dieses Gefühl, am absoluten Anfang zu stehen, gewappnet für die Herausforderungen des Lebens. Die Begeisterungsfähigkeit für eine Happy Hour, bei der ein Caipirinha für vier Euro zu haben ist, eine einzigartige, ansteckende Neugier und eine unglaublich optimistische Naivität und all das präsentiert mit dem sicheren Gefühl, doch schon so reif und erwachsen zu sein. Auf der anderen Seite schreibt man den Älteren einen größeren Erfahrungsschatz zu, der den eigenen weit überflügelt. Älteren ist zuzutrauen, dass sie in die Tiefe sehen wollen, zumindest in der Regel. Man hofft, dass für sie die Essenzialität von Waschbrettbäuchen und vom schönen Schein anderen Dingen auf der intellektuellen Ebene weicht.

Man sagt, das Alter sei nur eine Zahl und man ist so alt, wie man sich fühlt, aber ich stelle fest, dass einundzwanzig für mich als Alter eines potenziellen Beziehungspartners definitiv zu jung wäre. Momentan jedenfalls. Aber da Florian natürlich eine Freundin in seinem Semester hat, spielt es momentan auch gar keine Rolle.

Er gibt mir noch seine Handynummer und dann verabschieden wir uns. Vorerst, vielleicht sehen wir uns ja schon im Januar wieder und sind dann beide bald um ein paar tausend Euro reicher. Hoffentlich.

Ich beschließe, da ich schon mitten in der Innenstadt bin, auch gleich ein paar Weihnachtseinkäufe zu erledigen. Schließlich ist heute bereits der 18. Dezember und so brauche ich nicht wie üblich am 23. zwischen all den anderen Torschlusspanikern herumzulaufen. Ich sitze im Bus Richtung Zentrum, als mir ein Plakat auffällt: *Romantisches Wochenende auf Rügen für nur 99 Euro.* Schon habe ich ein Geschenk für meine Eltern. Gegen solche Zeichen von oben soll man sich schließlich nicht wehren.

„Alexander Auerbach?"

„Hallo, hier ist Steffen."

„Bruderherz, na, wie schaut es aus?"

„Bestens. Sag mal, was hältst du von einem Wochenende auf Rügen?"

„Gerne, tut mir sicher mal ganz gut."

„Für Mama und Papa, du Holzkopf."

„Schon klar! Ich weiß nicht so recht, Rügen? *Cuánto costa*?"

„99 Euro!"

„Super Idee!"

„Okay, dann mach ich das jetzt klar."

„Prima, dann bis nächste Woche."

„Bis dann."

Ich stehe in dem Reisebüro, das auf dem Plakat angezeigt war. Die Werbemaßnahme hat sich jedenfalls gelohnt, es ist brechend voll und jedes zweite Wort, das man hört, ist Rügen. Ich stelle mich in der Schlange an – man kennt ja hier auch niemanden – und sehe mich um. Hawaii, Dominikanische Republik, New York. Ach ja, hoffentlich bekomme ich die Drehtage. Einfach mal raus hier, das wäre genau das Richtige.

In einer Woche fahre ich erst mal nach Hause, obwohl das wahrscheinlich wie jedes Jahr nicht unbedingt erholsam wird. Um dem Weihnachtsstress und den Familienfeiern zu entgehen, treffe ich mich jeden Abend mit Marie, die die Weihnachtstage wie ich zu Hause verbringt, und unter zwei Flaschen Sekt am Abend geht da gar nichts – pro Person versteht sich. Dieses Jahr haben wir auch noch ein Klassentreffen am 28. Dezember. Vielleicht sollte ich bis dahin eine Alkoholpause einlegen, so als Entschlackungsmaßnahme. Meine Leber wird es mir danken.

Ich stehe inzwischen schon mindestens zwanzig Minuten im Reisebüro und immer noch sind acht Leute vor mir. Ich drehe mich um und sehe auf die Straße. Man könnte vermuten, dass alle Hamburger sich für einen bevorstehenden Atomkrieg wappnen. Im Durchschnitt 4,3 Einkaufstüten pro Person. Ich höre die kleine Glocke über der Eingangstür läuten. Unglaublich. Bei dieser Menschenmasse wird Rügen noch im Meer versinken.

Blitzartig springe ich aus der Schlange und stoße dabei die ältere Dame hinter mir an. Wohin bloß, wohin? Ich flitze zum Regal mit den Reiseprospekten hinüber und ducke mich hinter ein aufgestelltes lebensgroßes Paar aus Pappe, das für eine Reise nach Ibiza wirbt. Hoffentlich hat er mich nicht gesehen. Was mache ich denn jetzt? Wenn das hier in diesem Tempo weitergeht, verbringe ich die nächste Stunde hinter dieser schäbigen Reklame. Meine Beine dürften dann jedenfalls nicht mehr durchblutet sein.

Zwischen dem angewinkelten Arm des Pappmannes hindurch werfe ich vorsichtig einen Blick auf die Schlange. Andreas holt sich gerade ein Taschentuch aus seiner Manteltasche und putzt sich die Brille. Er trägt seine Brille, das bedeutet, dass er heute morgen verschlafen hat und keine Zeit hatte, seine Kontaktlinsen einzusetzen. Ich kann mir auch schon denken, warum.

Wahrscheinlich hat er gerade Mittagspause. Da steht er, ganz ruhig am Ende der Schlange. Seine Ruhe fehlt mir. Seine Sicherheit, von der er so viel für mich übrig hatte. Vielleicht ziehen sich Gegensätze doch an. Für einen kurzen Moment überlege ich, auf ihn zuzugehen, merke aber schnell, dass ich das niemals zustande bringe. Es geht nicht. Ich kann ihm nicht einfach so Hallo sagen. Nicht nach dem Gefühlschaos der letzten Wochen.

O Gott. Plötzlich kommt mir ein erschreckender Gedanke. Natürlich. Er schenkt dem herzlosen Pferdegebiss die Rügenreise zu Weihnachten! Ganz klar. Damit hat sich das als Geschenk für meinen Eltern jedenfalls erledigt. Ich muss fast lachen, als ich mir vorstelle, wie sich meine Eltern und Andreas mit seinem neuen Freund am kalten Büffet begegnen. Meine Eltern, speziell meine Mutter, haben Andreas nicht unbedingt gemocht. Allerdings gibt sie heute zu, dass das nicht unbedingt an Andreas lag, sondern eher an seiner Position als mein erster Freund. Prinzipiell hätte ich mit Brad Pitt auftauchen können, und meine Mutter hätte mich gefragt, was ich denn eigentlich von dem wollen würde.

Im Moment jedenfalls will ich nur eins, und das ist raus hier.

„Junger Mann, stehen Sie noch an?"

Nein. Bitte nicht. Es ist die alte Dame, die hinter mir in der Schlange stand. Warum können Menschen nicht einmal egoistisch sein, wenn es wirklich drauf ankommt?

„Hallo, junger Mann."

Ich bringe sie um. Ich werde aufstehen und der Alten sofort an den Hals springen. Und wenn sie mich danach in Handschellen abtransportieren, wird es ein Leichtes sein, Andreas noch kurz Hallo zu sagen.

„Bitte?"

„Ob Sie noch anstehen?"

Mein Gott. Die Frau muss in jungen Jahren Marktschreierin gewesen sein. Ich spüre förmlich, wie alle Leute auf das Papppärchen starren, hinter dem ich mich immer noch mehr schlecht als recht versteckt halte. Eigentlich warte ich nur noch auf die flotte Klaviermusik, wie sie in Slapstickfilmen gespielt wird.

Aber es hilft alles nichts. Ich muss aufstehen. Vor mir liegt also der mit Abstand peinlichste Moment meines Lebens. Was soll ich Andreas bloß sagen?

Langsam trete hinter der Werbung hervor. Mein Magen tanzt Polka, als ich in ungefähr zwanzig ungläubige Gesichter blicke. Aber das einundzwanzigste fehlt. Ich kann es nicht glauben, Andreas ist weg. Aber ich habe ihn doch gesehen. Er muss wieder gegangen sein. Die Schlange war ihm zu lang. Gott sei Dank.

Ich könnte schreien vor Erleichterung. Aber dann müsste ich wohl damit rechnen, Weihnachten dieses Jahr in der geschlossenen Abteilung der Psychiatrie zu verbringen.

„Viel Spaß auf Rügen!"

Mit diesen Worten verlasse ich das Reisebüro und fahre auf dem schnellsten Weg nach Hause. Am 23. Dezember einzukaufen ist sowieso viel entspannter.

Kapitel 4

Ich sitze im Zug Richtung Heimat. Sämtliche Weihnachtseinkäufe sind erledigt. Nächstes Jahr mache ich das im September. Wie durch ein Wunder habe ich keine Knochenbrüche davongetragen. Meinen Eltern habe ich einen Tag in einem Wellnesshotel besorgt; die Reise nach Rügen wäre im Übrigen günstiger gewesen. Ich habe es aber tatsächlich geschafft, in der letzten Woche keinen einzigen Tropfen Alkohol zu trinken. Besonders nach der Reisebüroaktion war das nicht gerade einfach, aber drei Tafeln Traubennussschokolade brachten mich einigermaßen über die Runden.

Vor zwei Tagen hat Frau Brettner angerufen, um mir mitzuteilen, dass sich die Produzenten von Hospital Grünewald leider für einen anderen Schauspieler entschieden haben. Kurz danach kam eine SMS von Florian Klemmer, ob es bei mir auch geklappt hätte. Fröhliche Weihnachten. Dafür habe ich aber wenigstens einen positiven Bescheid vom Arbeitsamt erhalten. „Arbeitslosengeld wird Ihnen bis zum 28. Februar bewilligt." Allerdings steht das mit dem Glocken-Theater ab März leider noch nicht wirklich fest. Der Regisseur hatte sich zwar den *Kaufmann von Venedig* angesehen, in dem ich an den Hamburger Kammerspielen bis Mitte November diesen Jahres den Lorenzo gespielt habe, und es hat ihm auch gefallen, aber er hat sich noch nicht wieder bei mir gemeldet. Na ja, vielleicht zwischen den Jahren, oder ich muss anrufen, sonst gibt es ab März ziemlich große finanzielle Probleme und dann stehe ich mit rosa Puffjacke bei Lexi.

Das Tückische am Zugfahren ist, dass man aufgrund mangelnder Ablenkung quasi zum Nachdenken gezwungen wird. Niemand kann sich länger als zehn Minuten die Kinderlieder auf Kanal vier anhören.

Fassen wir also zusammen: Beruflich sieht es zur Zeit ziemlich mau aus. Arbeitslos, definitive Beschäftigungen in der Zukunft sind nicht abzusehen. Liebesleben, noch schlimmer. Permanent schwirrt Andreas in meinen Gedanken herum, das herzlose Pferdegebiss immer an der Hand, und langsam fange ich an zu verstehen, dass ich unsere Trennung nicht im Geringsten verarbeitet, sondern den Schmerz nur tiefgefroren habe und das herzlose Pferdegebiss ihn nun skrupellos aus der Kühltruhe gerissen hat. Ich war mir eigentlich sicher, dass ich über Andreas hinweg bin, aber nun ist es so, als ob unsere Trennung ein paar Tage zurückliegen würde und ich nach einem erfolgreichen Aufenthalt bei Betty Ford direkt wieder einen Hochprozentigen am Hals hätte.

Wann ist man wirklich über jemanden hinweg? Wann hört man auf zu vergleichen, zu erinnern, hört auf, bei schlechten und schönen Erlebnissen zum Handy zu greifen, um seine Nummer zu wählen? Wann ist man wirklich allein? Auch wenn ich Single bin, gibt es mich momentan trotzdem nur auf einem melancholischen Album zu kaufen.

Nebenbei enden One-Night-Stands mit Besuchen beim Hautarzt und überhaupt findet Sex in letzter Zeit in der Regelmäßigkeit einer totalen Sonnenfinsternis statt. Wenigstens bin ich gesund. Hurra.

Überraschenderweise komme ich pünktlich an. Aber auf dem Bahnhof ist von meinen Eltern keine Spur.

„Steffen!"

Marie steht vor mir und lächelt mich an. Sie sieht fantastisch aus. Eine trendige Kurzhaarfrisur, einen langen beigefarbenen Mantel und helle Wildlederstiefel. Eine attraktive junge Frau. Nur die Sommersprossen um ihre Nase und die blitzenden blaugrünen Augen zeugen von dem Mädchen, das sich vor vierzehn Jahren am ersten Schultag auf dem Gymnasium neben mich setzte, weil sie mit den kichernden Mädchen nicht viel anfangen konnte.

Jedes Mal, wenn wir uns sehen, erschrecke ich ein bisschen darüber, wie die Zeit vergeht. An langjährigen Freunden merkt man am ehesten, wie alt man selbst inzwischen ist.

„Was machst du denn hier?", frage ich.

„Ich nehme mir die Freiheit und hole dich vom Bahnhof ab. Schluck Sekt?"

„Äh, ja, danke, aber …"

„Ich habe deine Eltern heute in der Stadt beim Einkaufen getroffen und das mit ihnen abgeklärt. Prost, auf feuchtfröhliche Feiertage."

„Super, hoffen wir das Beste, oder?"

„Ach, ging doch die letzten Jahre auch immer."

„Schon, aber dieses Jahr kommt ja noch das Klassentreffen dazu."

„Jetzt mach dir doch deswegen keinen Stress. Die sind ja die Gelackmeierten. Wir können nach diesem ganzen Gänsebratengedöns wieder abhauen, die verbringen den Rest ihres Lebens in dem Kaff hier. Also, warum nicht hingehen und sich das Elend mal ansehen?"

„Ein wahres Wort."

Wir sitzen noch eine halbe Stunde auf einer kleinen Bank am Bahnhof und trinken die Piccolloflasche leer.

Marie erzählt von ihrem Diplom der Medienwissenschaften im nächsten Jahr, dem schlechten Sex vom letzten Wochenende und vom generellen Mangel an potenziellen

Männern in der Hauptstadt dieses Landes. Immer wenn Marie solche Ansprachen hält, fühlt man sich wie der Praktikant einer Wahlkampfmanagerin. Für viele Männer ist das sicher erschreckend, aber Marie sagt, das sei der Fluch starker Frauen unserer Zeit. Zumindest für die heterosexuellen unter ihnen. Und lesbisch? Nein, Marie hat es versucht und es mir danach am Telefon als „verzweifelte Suche nach dem heiligen Gral" beschrieben.

Schließlich fährt sie mich nach Hause. Nach der geringen Menge Alkohol völlig vertretbar.

Es ist also wieder mal soweit und ich verbringe fast eine Woche bei meinen Eltern. Nach zwei bis drei Tagen passiert da immer etwas sehr Merkwürdiges. Ich falle durch die Umgebung, meine Eltern, die Gewürze, die meine Mutter beim Kochen benutzt, immer zurück in die Zeit, als ich noch zu Hause gewohnt habe. Vorteile: nicht selber kochen, ein größeres Haus, zwischendurch mal zwanzig Euro von meinem Vater auf die Hand. Nachteile: Frühstücken um acht Uhr, Bettwäsche mit Biene Maja und Flip auf dem Kopfkissen, das Badezimmer wird zum einzigen Ort, der fünf Minuten Ruhe gewährleistet. Das Ganze hat allerdings noch einen entscheidenden Vorteil. Wenn ich am 29. Dezember wieder Richtung Hamburg fahre, werde ich mein Leben dort richtig zu schätzen wissen, und dieses Gefühl habe ich noch nie so sehr gebraucht wie in diesem Jahr.

Die Zeit rast und plötzlich steht sie da. Die große 24 auf dem Kalender in unserer Küche. Der Heilige Abend. Dieser Tag läuft bei uns genauso chaotisch ab wie in anderen Familien. Daran muss ich fest glauben, sonst würde ich wahrscheinlich am Nachmittag die Axt aus dem Keller holen und den Weihnachtsbaum in winzige Stücke zerlegen. Mit dem geht das Desaster nämlich schon los. Meine Eltern kaufen ihren Weihnachtsbaum grundsätzlich erst am Vormittag des Heiligen Abends. Mein Vater ist dann alljährlich der Auffassung, wie ausgesprochen schön dieser Fichtenabklatsch doch sei, während meine Mutter panisch versucht, in einem zweistündigen Dekorationsmarathon das Beste daraus zu machen, beziehungsweise das Schlimmste mit schimmernden Kugeln zu verhüllen. Gegen sechzehn Uhr öffnet sich dann die Küchentür und meine Mutter schreit ihren Frust, dass sie offensichtlich für alles in diesem Haus alleine verantwortlich sei und ob ihr nicht jemand in der Küche zur Hand gehen könne, in den Flur hinein. Dann wird bis zum Essen im ganzen Haus geschwiegen, aber wenn man genau hinhört, nimmt man das innerliche Brodeln bei jedem ganz deutlich wahr. Steht das Essen dann auf dem Tisch, ist jeder zur christlichen Harmonie verpflichtet. Meistens wird dieser Plan nach fünf Minuten durch Alexander und eine feurige Diskussion über den Fettgehalt des Essens zunichte gemacht.

Das wahrhaft Wunderliche an Weihnachten setzt im Hause Auerbach jedoch bei der Bescherung ein. Wenn sich alle die erste Zigarette angezündet haben, außer meinem Vater, weil er Nichtraucher ist, wird aus dem zwanghaft gewollten Familienglück plötzlich wirklich so etwas wie eine Vorabendserie im Zweiten. Vater, Mutter und ihre zwei Söhne.

Ich glaube, ich habe mit meiner Familie im Großen und Ganzen schon ziemliches Glück gehabt. Über einem ordentlichen Maß an Spießbürgertum, den sich elendig wiederholenden Diskussionen in punkto Lebensgestaltung und den zermürbenden Weihnachtsfeiertagen schwebt der Stern eines festen Zusammenhaltes. Mal hell, mal dunkel, wie das eben so ist.

Was allerdings ganz beständig jedes Jahr den Heiligen Abend ausklingen lässt, ist der Besuch im *Nevermind*, dem einzigen Club, den man hier besuchen kann. Eigentlich der einzige Club überhaupt. Eine häufige Adresse in meiner pubertären Laufbahn und alle Jahre wieder der Treffpunkt der ehemaligen Jugend und mittlerweile – es lässt sich nicht leugnen – der nachrückenden Generation.

Der Heilige Abend nähert sich seinem Ende, es ist 23 Uhr und soll losgehen, Alexander will ins *Nevermind* fahren und das Auto dann stehen lassen. Wie verantwortlich der Junge doch geworden ist. Früher hätte er sich in Zuständen in ein Auto gesetzt, in denen er das Wort Taxi nicht einmal mehr hätte aussprechen können.

Auf dem Weg ins *Nevermind* holen wir seine Freundin Paula und Marie ab und etwa eine halbe Stunde später stehen wir zu viert in der Schlange. Ich glaube, für Paula ist es das einzige Mal im Jahr, dass sie um diese Zeit noch wach ist. Selbst Silvester hat sie letztes Jahr verschlafen. Paula ist immer alles zu anstrengend. Menschen, Orte, sogar Bilder. Alles Zitate. Ich frage mich, wie sie eine Klasse von zwanzig Halbwüchsigen unter Kontrolle hat. Auf der anderen Seite ist sie mit Alexander liiert, aber der tut ja ganz augenscheinlich auch alles dafür, um so unanstrengend wie möglich zu sein.

„Sekt?"

„Marie, du hast nicht wirklich eine Flasche Sekt mit, oder?", sage ich beeindruckt.

„Natürlich! Hier stehen wir doch mindestens noch zehn Minuten an. Ich denke halt mit."

„Na, dann mal her mit dem Zeug."

Marie reicht mir die Flasche Sekt hinüber und ich läute mit dem ersten Schluck das Lebertrainingslager der kommenden Tage ein. Ich sehe mich um. Noch keine bekannten Gesichter. Jedenfalls keine, an die ich mich erinnern kann.

„Marie, hast du schon wen aus unserem Jahrgang gesehen?"

Marie zeigt mehr als auffällig nach vorne in die Schlange.

„Klar! Da vorne steht Hirse."

„Wer?"

„Na, Hirse. Michael Barner."

Michael steht tatsächlich nur ein paar Meter vor uns und unterhält sich gerade mit einem Mädchen, das ihr Abitur sicherlich noch vor sich hat. Diese Gespräche à la „Was waren denn deine Leistungskurse?" sind ja auch enorm aufregend. Michael Barner hatte das beste Abitur aus unserem Jahrgang. Dabei war er aber nicht der klischeehafte Streber mit Brille, sondern hatte schon mit achtzehn die Figur eines Surfers aus Malibu, war durchaus fähig, ein Gespräch abseits der Halbwertzeit von Plutonium zu führen, und stets auf jeder Party dabei. Den Spitznamen Hirse hat er abbekommen, weil seine Eltern ein Unternehmen führen, das mit Getreide handelt.

„Was macht Hirse denn jetzt?", frage ich.

„Ich glaube, irgendwas an einer Elite-Uni in Mannheim. Wirtschafts-blabla!"

„Aha!"

„Ich hoffe jedenfalls für ihn, dass sie da auch Kurse anbieten, in denen man Nachhilfe in Sachen Küssen bekommt", sagt Marie und schüttelt sich übertrieben.

„Stimmt ja, du hattest ja mal was mit Hirse."

„Nur geknutscht! Das war auch schon erschreckend genug. Eigentlich hätte ich ihn danach auch Sabberhirse nennen können."

„Wie reizend."

Marie und ich haben die Flasche genau zur rechten Zeit geleert und stehen kurz nach dem Betreten des *Neverminds* an einem kleinen Tisch am Rande der Tanzfläche mit zwei Martinis. Alexander und Paula unterhalten sich mit einem anderen Pärchen an der Bar. Diese typische „Lasst-uns-mal-was-zu-viert-unternehmen-Pärchen-Konstellation" eben. Meine Güte, mein Bruder ist in der Tat erschreckend solide geworden. Das hat Paula wirklich gut hinbekommen. Vielleicht läuten ja auch bald die Hochzeitsglocken und womöglich werde ich Onkel. Freuen würde es mich schon. Für mich selbst, weil ich definitiv einen großartigen Onkel abgeben würde, natürlich für die beiden, aber in erster Linie für meine Mutter, die meiner Meinung nach dringend ein Enkelkind zur Beschäftigung braucht. Leeres-Nest-Syndrom dritten Grades.

Heiraten. Vor zwei Jahren hätte ich das für mich gänzlich ausgeschlossen, aber da der Staat das ja bis vor kurzem auch getan hat, stand es ohnehin nicht zur Debatte. Nicht, dass es jetzt für mich zur Debatte stehen würde, aber seitdem auch Schwule vor den Traualtar treten oder zumindest ins Standesamt gehen dürfen, denke ich schon ab und zu darüber nach, zumindest über die Option. Einem Menschen zu versprechen, das ganze Leben mit ihm zu teilen, in guten wie in schlechten Zeiten. Wenn man genauer darüber nachdenkt, werden diese Worte, die durch sämtliche Seifenopern, Baccara-Romane und Linda de Mol leider ziemlich abgehalftert sind, riesengroß. Für immer. Gute und schlechte Zeiten. Ewige Treue. Wie sicher muss man sich sein, um einem anderen Menschen so ein Versprechen geben zu können? Offensichtlich sicherer, als sich der ein oder andere gedacht hat, bei einer Scheidungsrate von vierzig Prozent. Ich frage mich, ob es überhaupt noch Hochzeiten geben würde, wenn man das Scheidungsrecht wieder abschafft. In einer Zeit, in der man von Lebensabschnittspartnern spricht, Scheidungsanwälte besser verdienen denn je und niemand mehr so recht an Monogamie glaubt, wie glaubhaft ist da ein Eheversprechen?

Drei Martinis später platzt das *Nevermind* wie jedes Jahr aus allen Nähten und Marie und ich stehen plötzlich in unserem Deutschleistungskurs aus der dreizehnten Klasse. Die typischen Gespräche und die immergleichen Fragen. Was machst du noch mal, geht es dir denn gut damit, wie lange seid ihr jetzt schon zusammen, wo feierst du Silvester, in diesem Sommer waren wir in Griechenland, Kerstin sieht immer noch so aus wie früher, Niklas hat geheiratet, also meiner hat fünfundsiebzig PS, wo wohnst du denn genau, ich kann mir schon vorstellen, umzuziehen, und dieses Jahr ganz hoch im Kurs, kommst du auch zum Klassentreffen?

Natürlich stehe ich bei diesen Fragen schon auf einem gewissen Sonderposten. Selbstverständlich wissen alle, dass ich Schauspieler bin und dazu auch noch schwul. Beide Themen sind allerdings nicht unbedingt für eine Zwei-Minuten-Konversation geeignet. Die Fragen, wann ich denn mal im Fernsehen zu sehen bin und ob ich mir vorstellen kann, in einer Seifenoper mitzuspielen, natürlich ausgenommen.

Ich sehe zu Marie, für die das Ganze ein Fest zu sein scheint. Sie erzählt so ausschweifend und laut über Berlins Nachtleben, dass es wohl kaum jemanden gibt, der jetzt nicht weiß, dass sie letzten Mittwoch um sechs Uhr früh über den Kurfürstendamm getanzt ist. Dass sie sich dabei eine nässende Schürfwunde zugezogen hat, die dann gegen sieben Uhr in der Notfallambulanz behandelt werden musste, erzählt sie natürlich nicht. Aber warum sollte sie auch?

Alexander steht immer noch in der zukünftigen Kegelgruppe an der Bar, und während ich in Richtung Toilette gehe, frage ich mich, wie mein Leben verlaufen wäre, wenn ich diese Stadt nicht verlassen hätte.

„Hallo, Steffen."

„Hirse, hallo."

„Na, wie geht's?"

„Gut, gut."

„Mir auch!"

„Prima ... ich wollte gerade mal zum Klo, also ..."

„Erzähl doch mal kurz, was machst du gerade?"

„Ach, Theater spielen, nach wie vor."

„Ach so."

„Genau."

Jemand muss Hirse in den letzten Jahren eingetrichtert haben, dass er bei einem Dialog auf keinen Fall den Augenkontakt abbrechen darf. Neu ist das ja nicht, nachdem sich auch bis in die letzte Gesellschaftsschicht herumgesprochen haben dürfte, wie wichtig das für einen guten ersten Eindruck ist. Ich muss kurz an Florian Klemmer denken. Bei ihm war das ja irgendwie ganz süß, aber Hirse sieht mich nicht nur an, sondern starrt mir derart ins Gesicht, dass es schon fast beängstigend ist.

„Ich bin jetzt kurz vor meinem Diplom und dann werde ich aller Voraussicht nach im Management bei BMW anfangen."

„Super."

„Danke. Einstiegsgehalt sind fünftausend Euro."

„Netto?"

„Nein … brutto."

„Schlecht verhandelt, was?"

„Wie bitte?"

„Schon gut. Ja … freut mich für dich. Das ist toll."

Dass ich an den Hamburger Kammerspielen viertausend Euro für drei Monate bekommen habe, muss ich an dieser Stelle nicht erwähnen, finde ich, auch wenn Hirse eine solche Antwort geradezu herbeizusehnen scheint.

„Das denke ich auch. Welche Frau kann da schon nein sagen? Sag mal, willst du denn dabei bleiben oder noch mal wechseln?"

„Was?"

„Ob du noch mal wechseln willst, den Beruf, meine ich!"

Jetzt reicht es aber. Was bildet sich der Typ eigentlich ein? Hirse ist in den letzten Jahren offensichtlich zu einer Mischung aus Oberyuppie und Kotzbrocken mutiert, der mir scheinbar beweisen muss, dass sich seine zehn Rhetorikkurse gelohnt haben.

„Ach so, ich dachte, du meintest, ob ich noch mal mit Frauen ins Bett gehen würde, aber ich muss dir sagen, dass es mir mit Männern einfach besser gefällt."

Ich drehe mich erst um, als sich Hirses entsetztes Gesicht in meinem Gehirn eingebrannt hat. Ich weiß, dass er mir leid tun sollte, aber ich bin stinksauer. Von dem alten Hirse ist nicht viel übrig geblieben. Schon komisch, mit all diesen Menschen stand man gemeinsam am Punkt Null, und das Leben sollte endlich beginnen. Auf einmal wird mir klar, egal, wie durcheinander mein Leben zurzeit auch sein mag, wenigstens habe ich eines.

Hirse dagegen scheint seines auf der Mannheimer Elite-Universität eingetauscht zu haben.

Als ich wieder neben Marie stehe, erzählt sie mir von ihrem Gespräch mit Hirse kurz zuvor, und es muss noch schlimmer gewesen sein.

„Übrigens, falls er fragt, ich bin lesbisch."

„Tatsächlich?"

„Na, sicher!"

„Ich glaube nicht, dass der uns noch irgendetwas fragt."

„Umso besser! Ich hole uns noch mal zwei Martini."

„Okay!"

Das Klassentreffen kann ja heiter werden. Eigentlich ist das hier schon schlimm genug. Nur dass beim Klassentreffen in drei Tagen noch die Leute dazu kommen, die das Ausgehen am Heiligen Abend mittlerweile zu den Relikten ihrer Jugend zählen, nach dem Motto: „Ach, was waren wir damals doch verrückt." Das heißt also, in drei Tagen gibt es dann diese ganzen Gespräche hoch vier.

Am besten denke ich mir irgendetwas aus. Kinofilm mit Corinna Harfouch. Fünfzigtausend Euro. Das klingt doch gut. Geritzt.

Als ich die Zigarettenschachtel aus meiner Hosentasche holen will, stelle ich fest, dass es inzwischen besser ist, sich am Tisch festzuhalten. Martini auf Sekt entpuppt sich als äußerst spannende Mischung, aber nachdem Marie die nächste Runde schon bezahlt hat, wäre es mehr als unhöflich, den Martini stehen zu lassen, auch wenn meine Leber sich nach Traubennussschokolade zu sehnen scheint.

Marie lächelt mich eigenartig an, als sie wieder an unserem Tisch steht. Auch sie scheint mit diesem Getränk inzwischen eine harmonische Freundschaft zu verbinden.

„Siehst du den Typen da?" Marie nickt zu einem Mann hinüber, der gerade auf der Tanzfläche ausschweifend die Kalorien des Weihnachtsessens verbrennt.

„Was ist mit dem?"

„Ganz süß!"

„Findest du? Nicht so mein Fall."

Er sieht nicht schlecht aus, ist schätzungsweise Ende zwanzig, trägt ein blaues Hemd und versucht die ersten Geheimratsecken mit einem generellen Fünf-Millimeter-Haarschnitt zu kaschieren. Alles in allem einfach ziemlich langweilig.

„Entschuldige mich!", sagt Marie und grinst mich an.

„Wo willst du denn hin?"

„Na, tanzen, was sonst?"

Marie zwinkert mir zu, dann schnalzt sie mit der Zunge und schiebt sich gezielt in Richtung des langweiligen Mannes durch die Menschenmenge. Ich sehe mich um. Alle ehemaligen Mitschüler sind in wichtige Gespräche vertieft. Zumindest scheint es so. Im Gegensatz zu Hirse, der einer der wenigen unseres Jahrgangs ist, die weggezogen sind, um zu studieren, hat sich bei den Daheimgebliebenen kaum etwas an ihrem Wesen verändert und komischerweise ist das noch schlimmer. Vielleicht ist es anmaßend, so vorschnell über sie zu urteilen, aber ich kann nicht anders. Viele von ihnen wollten ja erst eine Ausbildung machen, um später ein Studium in einer fremden Stadt zu absolvieren. Keiner hat das durchgezogen. Keiner. Sie sind mit Freund oder Freundin in eine schnuckelige Wohnung am Stadtrand gezogen, sind nach der Ausbildung vom Betrieb übernommen worden, haben sich an das Gehalt gewöhnt und eine Katze namens Mauzi hat man jetzt schließlich auch. Und plötzlich wird das Spiegelbild im frisch geputzten Badezimmer zum Foto der Eltern, das eingestaubt auf der alten Kommode im Flur steht.

Das Leben scheint mit Mitte zwanzig schon derart festgefahren zu sein, dass man so doch nicht glücklich sein kann. Aber plötzlich kommt mir ein erschreckender Gedanke. Vielleicht urteile ich so vorschnell über sie, weil ich neidisch bin. Neidisch auf ihren gesicherten Lebensrhythmus, neidisch auf ihre Beziehungen, mit denen sie sich sogar eine Wohnung teilen. Ich habe immer gedacht, dass ich durch meinen Umzug, das Studium und die frühere Unabhängigkeit einen wesentlich höheren Reifegrad als sie erreicht haben müsste, aber möglicherweise habe ich mich getäuscht. Die Fähigkeit, eine Beziehung zu finden, diese aufrechtzuerhalten, geschweige denn, mich wirklich mit ihrem Scheitern auseinanderzusetzen, ist mir scheinbar versagt. Ein festes Einkommen habe ich nicht und meine Wohnung ist für mich allein schon zu klein.

„Der ist schwul“, sagt Marie doppelt so laut wie nötig.

„Wer?“

„Der Typ auf der Tanzfläche.“

„Quatsch!“

„Hundertprozentig.“

„Nein.“

„Ich habe ihm erzählt, dass wir zusammen hier sind. Seitdem hat er dich nicht aus den Augen gelassen.“

„Der denkt doch, ich bin dein Freund, das kennen wir doch schon.“

„Nein, ich habe ihm gesagt, dass du schwul bist.“

„Bitte?“

„Na, komm schon, das erspart mir letztendlich nur die bekannten Missverständnisse.“

„Stimmt auch.“

„Und du findest ihn wirklich nicht so prickelnd?“

„Wo ist er denn jetzt?“

Ich sehe zur Bar hinüber. Er steht genau neben meinem Bruder, der immer noch Teil des Pärchenquartetts ist. Es passiert etwas sehr Seltsames. Allein durch die Tatsache seiner vermeintlichen Homosexualität steigt dieser Typ auf meiner Attraktivitätsskala um einige Punkte nach oben. In Hamburg wäre er mir wahrscheinlich überhaupt nicht aufgefallen, aber hier erscheint er mir plötzlich wie der Hauptgewinn.

„Ich gehe mal rüber.“

„Gut, viel Spaß!“

Ich bin betrunken genug, um direkt auf ihn zuzugehen.

„Hallo!“

„Hi.“

„Du hast gerade mit meiner Freundin getanzt.“

„Ist ja gar nicht deine Freundin!“

„Meinst du?“

„Ich weiß es! Sie hat mir gesagt, dass du schwul bist.“

„Und du?“

„Was denkst du denn?“

Meine Güte, ist das anstrengend. Paula wäre schon ohnmächtig umgefallen. Ich habe ganz vergessen, wie das ist, wenn man erst herausfinden muss, ob jemand am gleichen Ufer schwimmt. Aber so ist das in einer Kleinstadt, die offiziell nur ein Ufer hat.

„Ich denke, ja!“, sage ich möglichst überzeugt.

„Ich bin bi!“

„Fröhliche Weihnachten!“

„Ja, dir auch, ich bin der Frank.“

„Steffen.“

Bisexuell. Früher habe ich das für das Nirvana der sexuellen Orientierung gehalten. Jeder kommt in Frage und Sätze wie „Ich verliebe mich in einen Menschen“ haben mich einfach umgehauen. Heute sehe ich das allerdings anders. Vorausgesetzt, es gibt eine Bisexualität, die sich wirklich auf beide

Geschlechter gleichmäßig verteilt und nicht nur ein Vorort von Gaytown ist, wie kann man dann bei einem Menschen totale Befriedigung erlangen, nicht nur im Bett, sondern im Leben? Sehnt man sich nach einer bestimmten Zeit nicht immer nach dem, was einem der momentane Partner auf keinen Fall bieten kann? Jedenfalls nicht, ohne teure Operationen in Kauf zu nehmen. Auf der anderen Seite erwarten solche Menschen vielleicht auch gar keine langfristigen Beziehungen, sondern kosten diese doppelte Auswahlmöglichkeit einfach in vollen Zügen aus. Schließlich soll es auch Menschen geben, die nicht entweder die hellen oder die dunklen Nimm-Zwei-Bonbons lieber mögen, sondern beide gleich gern haben. So kannst du völlig gedankenlos in die Tüte greifen, bis sie irgendwann leer ist. Bisexualität, Fluch oder Segen?

„Muss ziemlich schwer sein, wenn man hier schwul ist", sagt Frank, bemüht, die Konsonanten nicht durcheinander zu bringen.

„Warum?"

„Na ja, gibt ja nicht unbedingt viele hier in der Gegend, oder?"

In seinen Augen sehe ich etwas, was mir lange nicht passiert ist. Eigentlich noch nie, jedenfalls nicht so offensichtlich. Mitleid. Mitleid von einem bisexuellen Mann. Der Abend wird wirklich immer besser.

„Ach, weißt du, ich bin nur zu Besuch hier."

„Woher kommst du denn?"

„Aus Hamburg."

„Wow!"

Und ganz plötzlich verwandelt sich das Mitleid in Neugier. Ich frage mich schon wieder, was aus mir geworden wäre, wenn ich diese Stadt nicht verlassen hätte. Hätte ich mich geoutet? Wäre ich glücklich hier? Würde ich jeden zweiten Samstag ins *Stern* nach Hamburg fahren?

„Und gefällt es dir in Hamburg?"
„Klar."
Auch wenn die Synapsen in meinem alkoholisierten Zustand nicht mehr einwandfrei funktionieren, merke ich doch ganz deutlich Franks Hand auf meinem Bein.
„Kommst du mit raus?", fragt er.
„Es ist so kalt draußen!"
„Mein Auto steht hinten auf dem Parkplatz."
Auf einmal sitze ich neben Frank in seinem Golf und küsse ihn. Bei Christian würde er maximal bis zur Fußmatte kommen. Egal.

„Na, wo warst du denn?"
„Was? Ach, nur draußen Zigaretten holen."
„Und war es schön?"
„Nein!"
„Das habe ich mir gedacht. Der Zigarettenautomat ist nämlich kaputt."
„Ja, das kann man wohl sagen."
„Ist er noch da?"
„Nein, er ist danach nach Hause gefahren."
„Der fährt noch?"
„Ich habe die obligatorische Frage gestellt. Außerdem hat er mehrfach erwähnt, dass es nur zwei Kilometer bis zu ihm nach Hause sind."
„Verstehe."
„Ist mein Bruder noch da?"
„Nein, die sind schon weg. Ich glaube, Paula war das hier zu laut."
„Natürlich."
„Alles in Ordnung?"
„Ich bin betrunken."
Marie sieht mich an, gibt mir einen Kuss auf die Wange und wenig später sitze ich mit ihr im Taxi nach Hause.

„Fröhliche Weihnachten!"

Allein diese zwei Wörter sind wie scharfe Fleischermesser, die sich rotierend in meinen Kopf bohren.

Ich öffne die Augen. Der nächste Stich. Diesmal circa zehntausend kleine Nadeln, die die Sonne mir durch meine Augen ins Gehirn schießt. Verschwommen erkenne ich meine Mutter vor meinem Bett stehen, einen Blumentopf in der Hand haltend.

„Ich habe dir einen Kaffee gemacht."

Sie setzt sich auf die Bettkante und die Matratze neigt sich leicht zur Seite. Auf einmal bin ich auf einem Kutter in stürmischer See. Jetzt bitte nicht übergeben.

„War wohl gestern feuchtfröhlich?"

„Ja."

Sprechen sollte ich vorerst jedenfalls nicht. Ich richte mich langsam auf. Mein Kopf fühlt sich an, als ob er sich über Nacht in eine Kanonenkugel verwandelt hätte.

Meine Mutter reicht mir den Blumentopf, der sich bei näherer Betrachtung als große Kaffeetasse entpuppt. Mama ist die Beste.

„Ich gehe schon mal runter, in einer Stunde essen wir. Geh erst mal duschen."

Essen. Unmöglich. Allein der Gedanke daran ruft erneut einen Brechreiz hervor, den ich aber mit dem ersten Schluck Kaffee hinunterspüle.

Ganz ruhig. Schritt für Schritt. Ich wanke ins Badezimmer und sehe als erstes in den Spiegel. Das waren Zeiten, als ich noch Augen hatte. Erneuter Brechreiz. Schnell zum Fenster. Es ist ein wunderschöner Wintertag. Ein blauer Himmel und eiskalte Luft. Ein- und ausatmen. Langsam ein und aus. Nachdem ich kalt geduscht und Herrn Kneipp mehrfach verflucht habe, trockne ich mich notdürftig ab, wickele das Handtuch um meine Hüften und versuche mit Zahnbürste, Zahnpasta und einer anschließenden dreiminütigen

Mundspülung den widerlichen Geschmack im Mund loszuwerden. Treppe runter.

„Morgen."

„Morgen."

Mein Vater sitzt im Wohnzimmer und liest in einem Buch. Ich gehe in die Küche.

„Na, munter, mein Schatz?"

„Nein."

Meine Mutter steht relativ entspannt am Herd. Warum geht das Heiligabend nicht?

„Was willst du denn da am Schrank?", fragt sie.

„Aspirin."

„Das steht hier drüben."

Nichts verändert sich in diesem Haus, aber wenn man mal dringend Medikamente braucht, stehen sie auf einmal woanders. Ich schlucke zwei Aspirintabletten auf einmal runter. Hoffentlich wirken sie schnell.

„Steffen, was machst du denn! Die löst man in Wasser auf."

Das erklärt das kribbelnde Gefühl auf der Zunge.

„Egal."

Ich gehe mit einer Flasche Mineralwasser zu meinem Vater ins Wohnzimmer und setze mich auf den Sessel. Hier habe ich wohl am meisten Ruhe. Füße hoch und viel trinken.

„Steffen, willst du dich nicht anziehen?"

„Gleich."

„Gleich kommt Oma!"

„Oma kommt?"

„Ja, es ist schließlich Weihnachten. Alexander holt sie gerade ab."

„Ach so, stimmt, fröhliche Weihnachten."

„Dir auch."

Ich gehe also wieder nach oben, um mich anzuziehen. Auf der dritten Stufe habe ich ein erstes Blitzlicht von gestern Nacht. So nenne ich das, wenn plötzlich eine Erinnerung des vorigen Abends kurz im Geiste auftaucht. Bin ich wirklich mit dem Typen in sein Auto gegangen? Das darf doch nicht wahr sein. Außerdem war das Ganze auch ziemlich unschön, um nicht zu sagen, der schlechteste Sex, den ich je hatte. Der Typ ist mit Sicherheit nur bisexuell, weil keine Frau mehr mit ihm ins Bett gehen will.

Siebte Stufe, zweites Blitzlicht. Hirse! Was war das denn? Der Kerl hat den letzten Schuss wohl auch nicht gehört. So ein arrogantes Arschloch.

Zwölfte Stufe. Das dritte Blitzlicht trifft mich am meisten. Ich erinnere mich an die Gedanken über meine ehemaligen Mitschüler. Vielleicht haben sie es wirklich besser getroffen. Vielleicht bin ich nur neidisch. Vielleicht will ich das auch. Ich habe in der ganzen Zeit nicht gemerkt, was sie alles vorzuweisen haben. Eine Beziehung zu halten, ein Leben mit einem anderen Menschen zu teilen, ein sicherer Job, das alles lässt sie alle plötzlich zu Interpreten von *I Did It My Way* werden.

Oben angekommen. Viertes Blitzlicht. Nein, das war keines. Das war ein Gedanke an das Klassentreffen in drei Tagen. Scheiße.

Wenig später sitze ich mit meinen Eltern, meiner Oma, Alexander und Paula am gedeckten Weihnachtstisch.

Fisch. Sehr schön. Nach gestern habe ich einen enormen Bedarf an allem, was gesund ist. Essen geht auch überraschend gut, die Kopfschmerzen haben ein wenig nachgelassen.

Ich sehe zu Paula und Alexander hinüber. Sie sitzen nebeneinander und essen ihren Karpfen wie jetzt wahrscheinlich auch alle meine Mitabiturienten mit ihren Partnern.

Gestern hätte ich die beiden als spießig abgetan, aber heute wirken sie eher wie Romeo und Julia ohne das familiäre Drama um sie herum. Spießigkeit stand auf meiner Liste der Anti-Ziele immer ganz oben. Vorgärten, Bridge, acht gleiche Anzüge. Nein, danke.

Ich wollte immer unabhängig, immer individuell sein, auch mit einem Partner ein selbstständiger Mensch bleiben, aber meine vermeintliche Unabhängigkeit verwandelt sich auf einmal in etwas, vor dem ich mich noch mehr gefürchtet habe. Einsamkeit.

„Was ist denn?", fragt meine Mutter übertrieben laut.

„Ach, ich kann nicht mehr", antworte ich mehr für mich.

„Schmeckt es dir nicht?"

„Doch schon, aber …"

„Der Junge hat gestern gesoffen, da kann man nicht so viel essen."

Meine Oma grinst mich an, ich grinse zurück und meine Mutter sieht ein, dass die aufkeimende Diskussion über das Essen hiermit beendet ist. Aber die Gedanken lassen mich trotzdem nicht los.

Und nachdem er sich die letzten Tage im heimischen Elternhaus relativ ruhig verhalten hatte, steht er nun wieder da und sieht mich traurig an. Andreas. Warum konnte ich das damals nicht? Warum hatte ich das Gefühl, in der Beziehung mit Andreas gefangen zu sein? Was ist eigentlich passiert? Er wollte nur weitergehen, nach zweieinhalb Jahren den nächsten Schritt machen, und ich stand wie einer von Paulas Viertklässlern bockig vor dem Süßwarenladen und bestand auf ein Knallbonbon, das mir wenig später lautstark um die Ohren geflogen ist.

Er fehlt mir, genau jetzt, heute, am ersten Weihnachtstag, vermisse ich Andreas mehr denn je. Sollte ich ihn anrufen? Ihm frohe Weihnachten wünschen? Ja, das sollte ich tun. An Weihnachten ist alles Vergangene wie in glitzerndes Geschenkpapier eingewickelt und beflügelt durch den gewissen Zauber nur halb so schlimm. Wir werden einfach miteinander reden, wie damals, wie immer schon. Ich werde ihm sagen, wie leid es mir tut, wie leid mir alles tut, wie sehr ich ihn vermisse. Und er wird mich verstehen, wird die richtigen

Dinge sagen. Wenn ich ihn jetzt nicht anrufe, dann werde ich es nie tun und womöglich für immer bereuen.

Die drei Tage vergehen wie im Flug. Drei Treffen mit Marie, acht Schachteln Zigaretten und wahrscheinlich eine hundertfach vergrößerte Leber. Die Tage zwischen Weihnachten und Neujahr laufen jedes Jahr gleich ab. So wie *Und täglich grüßt das Murmeltier* mit *Wham* als Soundtrack. Familie, Familienkollaps, Marie, Leberkollaps, schlafen, dann bis morgen.

Aber jetzt ist es soweit und der vorläufige Höhepunkt wird wohl heute erreicht. Der 28. Dezember, das Klassentreffen. Schon beim Aufwachen ist mir schlecht, diesmal aber nicht vom Alkohol, jedenfalls nicht nur. Sämtliche Versuche, mich herauszureden, hat Marie sofort entlarvt und ohne Skrupel abgeschmettert. Sie sagt, wir können uns die Chance nicht entgehen lassen, so viele gescheiterte Existenzen auf einem Haufen zu beobachten. Es fragt sich nur, wer hier gescheitert ist. Trotzdem werde ich also heute Abend mit ihr in das hiesige Sportheim zu dem Klassentreffen gehen müssen. Was für ein Ambiente.

Ich stehe unter der Dusche, als ich von weitem mein Handy klingeln höre. Kurzzeitig ziehe ich in Erwägung, schnell hinzurennen, aber wahrscheinlich ist es sowieso nur Marie, die fragen will, ob wir uns vorher treffen wollen, um etwas zu trinken.

„Steffen, dein Handy klingelt!“

„Ich weiß!“

Wenn meine Mutter unten mein Handy klingeln hört, sollte sie doch davon ausgehen, dass ich es oben, im Zimmer nebenan, erst recht kann. Mütter sind schon sehr seltsame Wesen.

Mit dem ersten Kaffee und der zweiten Zigarette sitze ich auf dem Sofa im Wohnzimmer. Ich nehme mein Handy in die Hand und lese: *Ein Anruf in Abwesenheit.* Weiß ich doch.

Es ist 10.45 Uhr. Ziemlich früh für Marie, aber als ich auf den Knopf *Nummer anzeigen* drücke, stelle ich fest, dass der Anruf gar nicht von ihr war, es sei denn, sie ist letzte Nacht mit dem Taxi nach Hamburg gefahren. Mein Handy zeigt eine unbekannte Hamburger Nummer an. Wenn so etwas passiert, denkt man als Schauspieler sofort an etwas Gutes. Castings, Drehtage, Engagements. Ich wähle die Nummer meiner Mobilbox und tatsächlich sagt mir Uschi – so nenne ich die nette Frau der Bandansage –, dass ich eine neue Nachricht empfangen habe.

„Wenn Sie die Nachricht hören möchten, drücken Sie die Eins!"

„Mach ich. Tschüss, Uschi."

„Piep!"

„Hallo, Herr Auerbach, Martin Kretschmer. Wir hatten uns ja vor ein paar Wochen getroffen bezüglich des Projektes *Geschlossene Gesellschaft* am Glocken-Theater. Ja, das ist jetzt natürlich schade, dass ich Sie nicht persönlich erreiche, aber ich muss Ihnen leider absagen, weil ich mich für einen anderen Schauspieler entschieden habe, der optisch einfach besser auf die Rolle passt. Sie haben mir aber wirklich gut gefallen, vielleicht klappt es ein anderes Mal. Dann wünsche ich ihnen erst mal alles Gute für die Zukunft und ich bin sicher, wir laufen uns wieder über den Weg."

Ich nehme einen kräftigen Zug von meiner Zigarette und sehe aus dem Fenster in unseren Garten.

„Na, wer war es denn?", ruft meine Mutter ins Wohnzimmer.

„Ach, nur Marie."

„Ach so, na ja, wir fahren jetzt einkaufen, willst du mit?"

„Nein … danke."

„Sag mal, hat sich dieses Glocken-Theater eigentlich schon bei dir gemeldet?"

„Nein."

„Na, mach dir keine Sorgen. Bestimmt nach Neujahr."

„Bestimmt."

„Bis später, mein Schatz."

„Tschüss."

Die Tür fällt ins Schloss und wenig später höre ich das Auto meiner Eltern die Auffahrt hinunterfahren.

„Scheiße."

Selbstgespräche sollen ja sehr gut für den Stressabbau sein. Aber es hilft kein bisschen. Was mache ich denn jetzt? Ich hatte mit dem Job gerechnet. Wie teuer so eine rosa Puffjacke wohl sein mag? Meine wenigen Ersparnisse sind längst dahin, ob ich weiterhin Arbeitslosengeld erhalte, steht in den Sternen und wieder in dem Call-Center als Telefonist zu arbeiten, wie ich es drei Jahre während des Studiums getan habe, ist zu deprimierend. Na ja, wenn es nicht anders geht, führt wohl kein Weg daran vorbei und ich werde wieder wildfremde Leute am Telefon zu ihrer politischen Einstellung befragen müssen. Ich könnte natürlich meine Eltern anpumpen, aber das ist noch schlimmer.

Was ist das überhaupt für ein Ablehnungsgrund? Passt optisch besser. Sind wir jetzt in der Modelbranche gelandet? Ich bin doch Schauspieler, und wenn mich Herr Kretschmer dieser Tage nach dem Aufstehen sehen würde, würde er mir eine unglaubliche Wandlungsfähigkeit sofort bestätigen.

Als ich mir die dritte Zigarette anstecken möchte, schießt mir plötzlich wieder das Klassentreffen in den Kopf. Großartig. „Was machst du denn als nächstes, Steffen?" „Ach, ich hoffe, ich kriege weiterhin Arbeitslosengeld." „Ich arbeite wieder als Telefonist." „Ich ziehe wieder bei meinen Eltern ein." Wenn das nicht beeindruckend ist.

Ich beschließe, auf den Plan des Vortäuschens zurückzugreifen. Ein Kinofilm mit Corinna Harfouch wäre vielleicht etwas übertrieben, aber eine Episodenhauptrolle im *Tatort* durchaus geeignet. Ich spiele also den Sohn einer reichen Familie. Mein Vater wurde ermordet und nach den ersten Ermittlungen fällt aller Verdacht auf das Zimmermädchen Nina. Erst am Schluss stellt sich heraus, dass ich meinen Vater ermordet habe, weil ich herausgefunden hatte, dass er mit Nina eine Affäre hatte und meine Mutter zwei Jahre lang hintergangen hat. Bestens.

Mein Handy klingelt. Vielleicht hat es sich Herr Kretschmer doch noch mal anders überlegt.

„Hallo, Auerbach?"

„Morgen, ich bin's."

„Ach, Marie … Morgen, ausgeschlafen?"

„Nein, aber ich muss jetzt mit meinen Eltern einkaufen gehen."

„Ich konnte mich drücken."

„Schön für dich."

„Danke."

„Wollen wir uns heute vorher auf einen Sekt bei mir treffen?"

Ich verabrede mich mit Marie für 20 Uhr. Das Klassentreffen soll um 21 Uhr anfangen, also genug Zeit, um sich ein wenig in Stimmung zu bringen. Hoffentlich geht der Abend schnell vorbei.

Den Rest des Tages verbringe ich teils vor dem Fernseher, teils im Badezimmer, weil sich oben rechts auf meiner Stirn ein riesiger Pickel angekündigt hat. Ausdrücken ist in diesem schwierigen Anfangsstadium nicht geeignet, wenn man das Haus am Abend noch verlassen möchte – oder verlassen muss. Also entscheide ich mich gegen 16 Uhr für die Haartaktik. Einfach die Haare nicht wie üblich nach oben stylen, sondern lässig in die Stirn fallen lassen, so dass sie den Pickel ganz zufällig verdecken. Das entspricht zwar nicht ganz meiner Vorstellung einer perfekten Frisur, ist aber immer noch besser als eine zweitklassige Version des letzten Einhorns.

Es führt kein Weg mehr daran vorbei. Es ist 20.17 Uhr und mein Vater fährt mich zu Marie, deren Eltern etwa fünf Kilometer von meinen entfernt wohnen. Im Autoradio läuft *A Beautiful Day* von U2, das Leben hat eben seine eigene Ironie.

Maries Mutter öffnet mir die Tür. Bei ihr habe ich immer das Gefühl, dass sie auf den Tag wartet, an dem ich mein Coming-out als schlechten Witz enttarne und Marie danach direkt zum Traualtar führe. Die Arme.

Wenig später sitze ich neben Marie auf ihrem Bett und halte mein Glas unter die Sektflasche.

„Marie, du sollst es ja nicht bestätigen, sondern einfach gar nichts dazu sagen."

„Was soll denn das? Sag doch einfach gar nichts."

„Na, das ist ja eine tolle Idee. Uund wenn mich jemand fragt, wie es gerade beruflich läuft?"

„Warum willst du denen denn was vorspielen? Dein Leben hat doch wesentlich mehr zu bieten als ihres", sagt Marie mit felsenfester Überzeugung.

Darauf fällt mir keine Antwort ein – oder zumindest keine, die Marie nicht zu einer dreißigminütigen Debatte über Spießigkeit, wahre Liebe und Unabhängigkeit provozieren würde.

„Bitte, Marie."

„Na gut, aber richtig finde ich das nicht."

„Danke."

Zwei Sektflaschen und eine Taxifahrt später stehen wir vor dem Sportheim. Durch die Fenster sehen wir, dass wir um 21.45 Uhr wahrscheinlich die letzten sind. Es ist ziemlich voll. Die Deckenfluter werfen ein rot-grünes Licht auf den braunen, abgenutzten Parkettboden der vermeintlichen

Tanzfläche, auf der aber noch niemand tanzt. Ich sehe ein paar Jungs an der Bar stehen, die ich gar nicht kenne. Meine Güte, jetzt erkenne ich schon die Menschen, mit denen ich sieben Jahre lang zur Schule gegangen bin, nicht wieder. Aus den Augen, aus dem Sinn.

„Na, komm schon, oder willst du hier draußen Wurzeln schlagen?“, fragt Marie mit unangebrachter Vorfreude in der Stimme.

„Am liebsten schon.“

„Jetzt stell dich nicht so an, Steffen.“

Marie packt mich rabiat am Arm und zerrt mich in Richtung Eingangstür. Als sie sie aufstößt, schallt uns Udo Jürgens mit *Aber bitte mit Sahne* entgegen und alle Gesichter richten sich auf uns. Ich muss kurz an das Theaterstück *Geschlossene Gesellschaft* denken, das Martin Kretschmer jetzt ohne mich inszeniert. Dort heißt es, die Hölle, das sind die anderen. Wie recht Sartre doch hat.

Wir gehen hinein und ich folge Marie in Richtung Tresen. Dahinter steht Stefanie Schmidt. Natürlich. Sie war unsere Jahrgangssprecherin und ist Organisatorin dieser Veranstaltung. Plötzlich spüre ich ein starkes Verlangen, ihr die Flasche Sekt, die ich mitgebracht habe, an den Kopf zu schmeißen.

„Steffen!“, sagt Marie und schlägt ihre Hand an meinen Oberarm.

„Ja?“

„Was du trinken möchtest?“

„Ach so … Sekt.“

„Stefanie, zwei Sekt bitte!“, sagt Marie, mit einer schlecht gespielten Höflichkeit.

„Ja, wie damals schon, nicht wahr?“, lacht Stefanie Schmidt.

„Nein, meine Liebe, nicht diesen.“

„Aber den habt ihr doch mitgebracht.“

„Eben.“

„Ja, aber …“
„Wir hätten lieber einen trockenen. Auf Eis.“
„Eis? Da muss ich erst mal im …“
„Das wäre nett. Danke, Stefanie.“
Marie wirft mir einen genervten Blick zu, legt ihre Jacke auf einen der hölzernen Hocker und dreht sich um.
„Sag mal, waren wir so viele Leute im Jahrgang? Unglaublich.“
Marie hat recht. Als ich einen Blick in den Raum werfe, der von innen doch wesentlich größer aussieht als von außen, ist er mehr als gut gefüllt.
„Komisch. Ich kenne so viele auch gar nicht mehr.“
„Stimmt, ich auch nicht. Das muss vom Alkohol kommen.“
Stefanie gibt uns den Sekt in zwei Plastikbechern und nach unserem verächtlichen Blickaustausch trinken wir auf einen schönen Abend. Von wegen.
Die Tür öffnet sich, wir waren doch nicht die letzten. Hirse kommt herein und an der Hand hat er das Mädchen, mit dem er sich kürzlich vor dem *Nevermind* über die Leistungskurswahl unterhalten hat. Die war aber garantiert nicht in unserem Jahrgang. Als ich mich gerade zu Marie umdrehen möchte, fällt mir Sandy Wallersbrunn ins Auge, die gerade einen Mann küsst, der alterstechnisch eher einer unserer Lehrer sein könnte. Jetzt wird es mir langsam klar.
„Sag mal, kann es sein, dass …“
„Ich befürchte schon.“
Marie sieht mich an, als ob sie einen Joghurt mit einem Verfallsdatum von 1988 gegessen hätte.
„Was stand auf der Einladung?“
Aber bevor Marie mir antworten kann, spüre ich eine Hand auf meiner rechten Schulter.
„Hi, Steffen, hallo, Marie.“
„Judith, hallo!“

Judith Steinbrück war zu Schulzeiten eine gute Freundin von mir und stets eine geduldige Lehrstütze in Mathematik. Nach dem Abitur ist sie nach Heidelberg gezogen, um das Ganze dort zu studieren. Jetzt schreiben wir uns immer mal wieder eine SMS. *Hoffe, es geht dir gut, bis bald* und so weiter.

Wir nehmen uns in die Arme und über Judiths Schulter hinweg sehe ich einen ziemlich attraktiven Mann, der sich hilflos an seiner Bierflasche festhält.

„Marie, Steffen, das ist Holger."

Sehr synchron antworten Marie und ich mit einem möglichst freundlichen Hallo.

„Hast du deinen Freund auch mitgebracht, Steffen?"

Es ist ein Schmerz in der Nähe des Brustbeines. Keine Ahnung, wie das psychosomatisch zusammenhängt. Drei Tage ist es jetzt her. Ich weiß nicht, wie lange ich mein Handy in der Hand hatte, um Andreas' Nummer zu wählen. Eigentlich den ganzen Tag über. Noch eine Zigarette. Noch eine und dann noch eine. Dann. Gleich. Vielleicht eine SMS. Wenn der Film vorbei ist. Nein, nicht nur eine Kurzmitteilung. Dann war die Schachtel leer und der übernächste Film lief.

Ich konnte es nicht, ich konnte es einfach nicht. Zu groß war die Angst vor dem, was er hätte sagen können, davor, was ich vielleicht gesagt hätte. Zu viel Zeit war vergangen, zu viel Zeit, in der aus dem Exfreund, den man kannte, ein anderer Mensch geworden sein könnte.

„Was? Nein, nein!", antworte ich.

„Ach, schade, ich dachte, ich lerne ihn mal kennen."

„Ja … äh … er hatte leider keine Zeit."

„Ich fand das ja erst nicht so gut, dass die Partner mitkommen sollen, schließlich ist es ja ein Klassentreffen. Aber dann dachte ich, warum eigentlich nicht, so weiß Holger wenigstens, woher ich komme, oder?"

„Ja, sicher, find ich auch."

„Na ja, ich will mal den anderen Hallo sagen. Wir sehen uns ja noch. Komm, Schatz."

„Ja, bis dann."

Ich sehe Marie an, die sich mittlerweile von Stefanie die gesamte Sektflasche organisiert hat und ihren Plastikbecher fast zum Überlaufen bringt. Es bedarf keiner Worte. Während ich mir meinerseits einen Becher mit dem viel zu süßen Sekt fülle, stelle ich mir vor, wie es wäre, wenn Andreas tatsächlich hier wäre, wenn wir noch zusammen wären. Er mit mir auf meinem Klassentreffen. Wir wären das Gesprächsthema des Abends. Andreas der souveräne, gutaussehende Mann an meiner Seite, der alle beeindrucken würde, am meisten mich.

Auf einmal fühle ich mich unglaublich klein und zum ersten Mal formuliere ich einen Gedanken, der lange Zeit geschlafen hat, aber sich nun nicht mehr unterdrücken lässt. Ich wünschte, wir hätten uns nie getrennt. Dieser Gedanke, der schon seit dem besagten Samstag im *Stern* irgendwo zwischen Kopf und Herz herumspukte, ist gefährlich. Er ist Gift. Ich weiß, dass es nicht geht, dass ich keine Chance habe, Andreas zurückzugewinnen. Er hat einen neuen Freund, hat mit mir und der Vergangenheit abgeschlossen und plötzlich bin ich die Hälfte von gar nichts.

„Steffen, hör auf zu denken, trink."

„Was?"

„Du musst trinken, das ist die einzige Möglichkeit, das Ganze jetzt halbwegs erträglich zu machen."

Ich habe mit Marie nicht über Andreas gesprochen. Dass er einen neuen Freund hat, weiß sie, aber nicht mehr. Trotzdem weiß ich, dass ihr klar ist, an wen ich gedacht habe, aber so ist das immer mit ihr. Keine Kalendersprüche. Kein „das legt sich wieder", „das ist normal" oder „wird wieder gut". Vielleicht weil sie es nicht sagen kann, aber manchmal ist es eben auch mehr Wert zu wissen, was jemand meint.

Wir werden also den Rest des Abends damit verbringen müssen, uns die glücklichen Pärchen anzusehen und ihnen zu erklären, warum wir allein hier sind. „Mein Freund hatte keine Zeit“ ist zugegebenermaßen nicht unbedingt originell, wird aber ausreichen.

Wir hätten gar nicht kommen sollen, aber jetzt können wir nach fünf Minuten nicht wieder gehen. Ich habe mir die falsche Geschichte ausgedacht. Kein Mensch interessiert sich hier in diesem Beziehungsreigen für den *Tatort.*

Es ist verblüffend. Marie und ich scheinen tatsächlich die einzigen Singles zu sein. Andererseits, wenn auf der Einladung, die Marie wahrscheinlich nur kurz überflogen und dann im Mülleimer entsorgt hat, steht „Bitte bringt eure Partner zum Klassentreffen mit“, wäre ich als Single definitiv ebenfalls zu Hause geblieben. Die Diskriminierung schreitet voran.

Was machen die eigentlich anders als ich? Oder liegt es am Homo-Hetero-Gefälle? Natürlich haben sie den Vorteil, dass ihnen die übliche Zukunftsplanung allein schon durch die Eltern vorgelebt wird. Verliebt. Verlobt. Verheiratet. Kinder. Scheidung. Heirat Nummer zwei bis drei eventuell inklusive. Als Schwuler ist man dagegen diesbezüglich relativ vorbildsfrei. Verheiratete homosexuelle Pärchen gibt es erst seit kurzem, Kinder zu adoptieren ist fast unmöglich und ein schönes Haus auf dem Lande möchten die meisten Schwulen gar nicht. Aber trotzdem vereint uns doch die Sehnsucht nach einem Menschen, mit dem man alt wird. Hat man es als Schwuler von heute im Dschungel der Beziehungen also wirklich schwerer, weil man eine gängige gemeinsame Zukunft erst selbst erfinden muss?

Die Tanzfläche hat sich inzwischen gefüllt. Einige Pärchen haben scheinbar einen Standardtanzkurs besucht, aber selbst diese Ausgeburt an Spießigkeit ruft nicht die leiseste Spur von Hohn in mir hervor.

Marie unterhält sich mit Lisa Moretti, einer guten ehemaligen Freundin von ihr. Lisas Freund steht dagegen seit Stunden in einer Gruppe Jungs an der Bar und unterhält sich über Fußball. Die dementsprechenden Gesten sind unverkennbar. Ich komme mir derart beobachtet vor, dass ich mir mittlerweile aus Beschäftigungsdrang mit der alten Zigarette direkt eine neue anzünde. Inzwischen ist mir klar geworden, dass Klassentreffen nichts anderes als vergleichende Bestandsaufnahmen sind. Mein Haus, mein Auto, mein Garten, genauso läuft das. Und genauso schnell kristallisieren sich in diesem verdeckten Konkurrenzkampf aus einem ehemals verbundenen Jahrgang die Verlierer und die Gewinner heraus. Intelligenterweise sind die anderen Verlierer zu Hause geblieben.

„Komm, einen trinken wir noch", sagt Marie und lächelt mich an.

„Und dann hauen wir ab?", frage ich erleichtert.

„Guter Plan."

Aber wie immer bleibt es nach dieser Aussage bei Marie und mir nicht bei einem Getränk. Marie hat es sich scheinbar zur Aufgabe gemacht, mich mit aller Gewalt auf andere Gedanken zu bringen, und so haben wir bald die nächsten drei Flaschen Sekt geleert und sitzen immer noch auf unseren hölzernen Hockern an der Bar im Sportheim. Beim Lästern über sämtliche Anwesende vergeht die Zeit eben wie im Flug. Auf die Plastikbecher verzichten wir inzwischen, weil sich ohnehin niemand mehr die Mühe macht, seine Energie mit einer nichtigen Tätigkeit wie dem Einschenken zu verschwenden. Es ist wohl auch niemand mehr dazu in der Lage. Jetzt, um halb drei, könnte man meinen, wir befänden uns in einem Experiment, das die Wirkung von Alkohol bei Mittzwanzigern dokumentiert. Alle sind betrunken, selbst Stefanie Schmidt tanzt hinter der Theke zu Blümchens *Herz an Herz.*

Durch unser gemeinsames Trainingslager und die daraus resultierende Abhärtung können Marie und ich all diese Alkoholleichen nur müde belächeln und zumindest ich habe eher den Grad eines seichten Unterhaltungspegels erreicht.

„He, ich weiß manchmal gar nicht, was ich ohne dich machen würde“, sage ich zu Marie in der Hoffnung, dass ihr Zynismus kurz Pause macht.

„Ich dich auch.“

Sie gibt mir einen Kuss auf die Wange und nach dieser ausschweifenden Liebesbekundung sind wir uns darüber einig, dass wir dieses Klassentreffen, welches unser erstes und letztes gewesen sein wird, jetzt verlassen sollten. Zumal wir lästertechnisch auch wirklich alle durchhaben.

„Ich gehe nur noch mal aufs Klo.“

Marie sieht sich kurz um, wirft ihre leere Sektflasche über die Schulter und verschwindet in Richtung WC.

„Steffen, komm doch mit tanzen.“

Judith muss sich an meinem Hocker festhalten, um nicht umzufallen, und nach diesem Satz scheint ihr Hauptproblem zu sein, mich mit ihren Augen zu fixieren. Alkohol mag andere schöner machen, einen selbst aber auf keinen Fall. Judiths Make-up ist fast gänzlich verwischt und ihre roten Augen bilden einen starken Kontrast zu ihrem blassen Gesicht.

„Nein. Lass mal, ich werde auch gleich gehen.“

„Nein, du kannst noch, also, du musst noch bleiben.“

„Ich bin müde.“

„Du warst doch früher auch immer bis zum Schluss dabei.“

„Tanz doch mit deinem Freund … äh … Holger.“

„Ach, der …“

„Wo ist er denn überhaupt?“

„Was weiß denn ich?“

„Ich schau mal nach ihm, okay?“

„Mach, was du willst.“

Ich schiebe eine Suche nach Holger eher als Grund zur Flucht vor. Merken: Wenn ich das nächste Mal derart betrunken bin, entweder nicht sprechen oder immer Kaugummis dabei haben. Aber da ich schon aufgestanden bin, muss ich wenigstens so tun, als ob ich nach Holger sehen würde. Ich gehe nach draußen, ein bisschen frische Luft ist ja auch ganz schön. Na ja, wir fahren sowieso gleich nach Hause und …

Ich springe schnell hinter einen Vorsprung an der Wand. Das gibt es doch nicht! Tatsächlich habe ich Holger gefunden. Da steht er. In der linken Hand eine Bierflasche, die rechte Hand unter dem Pullover von Lisa Moretti. Für einen kurzen Moment gefällt mir diese voyeuristische Position ganz gut, dann denke ich an Judith. Sie darf auf keinen Fall rauskommen. Also, schnell wieder rein.

Mit einer Tequilaflasche unter dem Arm sitzt Judith an der Bar.

„Judith … äh … sag mal, wollen wir nicht doch ein bisschen tanzen?“

„Er macht irgendwo mit einer anderen rum, oder?“

„Was? Wer?“

„Ach, komm schon, Steffen, mach mir nichts vor!“

„Ja, aber …“

„Ist nicht das erste Mal, verstehst du? Ich habe ihn auch schon in unserem Bett mit seiner Exfreundin erwischt und mit einer Kellnerin auf dem Klo. Nichts Neues für mich. Im Gegenteil, das wird langsam langweilig.“

Judith lacht fast tonlos und nimmt einen großen Schluck Tequila.

„Ja, aber warum, also wieso …?“

„Warum ich noch mit ihm zusammen bin, meinst du? Keine Ahnung, ich weiß es nicht. Wir sind ja erst vor kurzem zusammengezogen und ich … ach, Scheiße.“

Als ich gerade mit einer möglichst tröstenden Rede beginnen möchte, kneift mich Marie in den Arm.

„Komm mal mit."
„Ich kann gerade nicht, du siehst doch!"
Ich zeige auf Judith, die mittlerweile angefangen hat zu weinen.
„Ach, die hat ihren Tequila."
„Aber ..."
„Jetzt komm!"
Marie zerrt mich ein paar Meter in Richtung Ausgang.
„Was ist denn?"
„Tobias hat mich auf dem Weg zum Klo angegraben."
„Wer?"
„Tobias, der Freund von Lisa Moretti."
„Ich glaub es nicht."
„Er wollte mit mir auf die Toilette gehen, um eine kleine Nummer in der Kabine zu schieben."
„Ich glaub es nicht."
„Also, so unvorstellbar ist das Ganze ja nun auch nicht."
„Doch, also nein, aber, ach, komm mal mit."
Ich ziehe Marie möglichst unauffällig zur Ausgangstür. Das Bild hat sich kaum verändert, nur die Bierflasche hat sich aus dem Geschehen zurückgezogen und sich in einen braunen Scherbenhaufen verwandelt. Dafür ist Holgers linke Hand umso mehr beteiligt. Marie macht auf der Stelle kehrt und rennt zurück ins Sportheim, dessen Namen bei diesen Ereignissen einen ganz neuen Beigeschmack bekommt. Ich werfe noch einen Blick auf die beiden, um festzustellen, dass Lisa einen lindgrünen BH trägt. Es fragt sich nur, wie lange noch. Als ich wieder reingehe, steht Marie direkt hinter der Eingangstür.
„Unglaublich, oder?", frage ich fassungslos.
Aber sie kann mir nicht antworten, weil sie sich vor Lachen an den Garderobenständern festhalten muss.
„Findest du das komisch, Marie?"
„Ja, sicher find ich das komisch."

„Und warum, wenn ich fragen darf?"
„Weil Lisa vorhin einen unerträglich langen Monolog über ihren ach so tollen Tobias gehalten hat. Dass er der Mann für sie ist, so warm, zärtlich, das ganze Gewäsch. Sie würde anderen Männern nicht einmal mehr hinterhersehen und für ihn ist Treue ein absolutes Muss. Soviel dann dazu."
„Was machen wir denn jetzt?"
„Ich werde dir sagen, was wir machen. Wir nehmen unsere Jacken von der Garderobe, gehen da raus, sagen den beiden Knutschern meinetwegen noch tschüss und dann rufen wir uns ein Taxi."
„Aber sollten wir nicht …?"
Aber schon am Anfang des Satzes wird mir klar, dass Marie völlig Recht hat und wir gar nichts sollten. Auch wenn es sich bei mir nicht ganz so schadenfroh äußert, fühle ich plötzlich eine ungemeine Genugtuung.
„Gut, dann machen wir das."
„Na, also."
„Ach, warte, unsere Jacken liegen doch an der Theke, ich hole sie eben."
„Na toll, der Abgang wäre so schön gewesen."
„Nächstes Mal."
Ich gehe zur Bar. Judith liegt mittlerweile mit dem Kopf auf dem Tresen, hält aber nach wie vor ihre Tequilaflasche fest umklammert in der Hand. In Anbetracht der Situation und unseres Plans verzichte ich auf eine Verabschiedung. Ich nehme möglichst unauffällig unsere Jacken von den Hockern, die ausgerechnet neben Judith stehen, als sie sich plötzlich aufrichtet. Mist. Schnell rüber in den Flur, der zu den Toiletten führt. Judith sieht sich kurz um, stellt die Tequilaflasche auf die Theke und vergräbt den Kopf wieder in ihren verschränkten Armen. Na, wenigstens weiß sie, wann Schluss ist.
„Ach, Steffen, du bist ja auch noch da."

Hirse steht vor der geöffneten Toilettentür und hält sich an der Klinke fest. Er sieht so aus, als ob er nach einem Marathon noch Blut gespendet hätte. Sein Gesicht ist blass und der Schweiß rinnt ihm unaufhaltsam von der Stirn.

„Ja, ich will jetzt aber auch los. Mach's gut."

„Warte doch mal."

„Ach, weißt du, ich habe keine Lust, über irgendwelche Nettoverdienste zu sprechen."

„Was? Wollen wir nicht noch einen zusammen trinken?"

„Nein, Marie wartet draußen auf mich."

„Wer? Ach ja, schön, dass ihr noch befreundet seid."

„Stimmt, also, tschüss."

„Warte!"

Hirse steht auf einmal neben mir und hält mich am Arm fest. Ich sehe ihn an und hoffe, dass ein Blick genügt, um ihn dazu zu bringen, mich loszulassen. Seltsam, er kann meinem Blick nicht standhalten, ausgerechnet er. Hirse senkt den Kopf, hält aber weiterhin meinen linken Arm fest umklammert.

„Was wird das eigentlich hier, würdest du mich …"

Marie hat nicht übertrieben. Sein Kuss ist so feucht, dass es mich nicht wundern würde, wenn sich am Boden eine Pfütze aus Speichel angesammelt hätte. Nach ein paar Sekunden, in denen ich fast automatisch seinen Kuss erwidert habe, stoße ich Hirse weg. Er lässt ohne Widerstand meinen Arm los, dreht sich um und macht die Toilettentür hinter sich zu. Ich stehe für einen Moment einfach da, dann gehe ich mit unseren Jacken in den Saal hinein und direkt auf den Ausgang zu. Ich öffne die Tür, drehe mich noch einmal um, sehe ein paar Betrunkene auf der Tanzfläche, andere sitzen mit ihren Bierflaschen an Tischen und Judith schläft an der Bar. Ich gehe ins Freie, von Lisa und Tobias ist nichts mehr zu sehen. Marie steht ein paar Meter entfernt an einem Taxi und raucht eine Zigarette.

„Kommst du nun mit?"
„Ja, ich komme."

Ich schiebe das Zugfenster herunter, strecke meinen Kopf heraus und winke meinen Eltern. Heute Nacht hat es angefangen zu schneien und der ganze Bahnhof ist mit einer weißen Schicht überzogen.

„Melde dich, wenn du da bist!", ruft meine Mutter.

„Mach ich, wie immer."

„Bis bald, mein Schatz."

Der Zug setzt sich in Bewegung und ein paar Augenblicke später sind meine Eltern nur noch zwei schwarze Punkte vor einem weißen Hintergrund. Ich schließe das Fenster, lehne mich zurück und zünde mir eine Zigarette an. Es ist der 29. Dezember und ich bin auf dem Rückweg nach Hamburg. Eine kuriose Woche liegt hinter mir, mit den seltsamsten Entwicklungen.

Ich habe Marie nichts von dem Vorfall mit Hirse erzählt. Irgendwie fand ich das richtig so. Was er wohl denkt? Ob er sich überhaupt daran erinnert? Doch bestimmt. Zumindest solange, bis der menschliche Verdrängungsprozess das Ganze in einen schlechten Traum verwandelt haben wird. Es ist seltsam. Auch wenn sich mein Bild von ihm und seiner unverschämten Arroganz kaum verändert hat, fühle ich hauptsächlich Mitleid, wenn ich an gestern denke.

Hirse. Ein toller Schüler, mit Sicherheit ein ausgezeichneter Student, gut aussehend und mit der Aussicht auf eine erfolgreiche Zukunft. Und genau wegen dieser idealen Ausgangssituation darf ein so unschönes Manko wie Homosexualität in seiner Biografie unter keinen Umständen vorkommen. Es stimmt, es ist ein Manko, ein hinderliches Defizit, aber nur bis zu dem Zeitpunkt, an dem man es akzeptiert und ausspricht. Dann wird es eins mit dir und deinem Leben und alles bekommt Flügel. Vielleicht hätte ich bleiben sollen, um ihm das zu sagen, aber es gilt die goldene Regel: Das muss er selbst herausfinden. Und mal ehrlich, warum sollte ich überhaupt?

Judith. Eine intelligente Frau, die mit ihrem Freund zusammengezogen ist, der in einem seiner Umzugskartons seine Untreue versteckt hatte, die mittlerweile auch ein Teil ihres Lebens geworden ist. Ihre Angst vor dem Alleinsein, der elendigen Wohnungsauflösung und einem möglichen Neuanfang sind dagegen zu seinen besten Freunden geworden.

Lisa Moretti. Eine Meisterin der Präsentation mit einer augenscheinlichen Affinität zu Sex in der freien Natur. Marie und ich haben die beiden aus dem Taxi heraus hinter dem Sportheim beim Vögeln entdeckt und eine Erkältung zu Silvester einstimmig prognostiziert. Das typische Klischee wird wahr. Nach außen hin die perfekte Beziehung, aber letztlich eine lächerliche Fassade und das Ganze schon mit Mitte zwanzig.

„Ihren Fahrschein, junger Mann."

Die etwas pummelige Schaffnerin grinst mich an. Ihre Mütze sitzt schief und ihre Brille ist ziemlich verschmiert.

„Entschuldigung, bitte."

„In Gedanken gewesen, ja?"

„Ja, das kann man so sagen."

„Na, dann dürfen Sie jetzt weitermachen, alles in Ordnung."

„Danke schön."

Sie stempelt meine Fahrkarte ab und reicht sie mir zurück. Weitermachen? Nein. Mit den Gedanken über diese Leute habe ich die ganzen letzten Tage schon viel zu viel Zeit verschwendet. Sie sind nicht besser dran als ich, vielleicht auch nicht schlechter. Sie haben die gleichen Probleme, die gleichen Sorgen, die gleichen Ängste. Nur verstecken sie sie hinter Elite-Universitäten, Mietverträgen und ihren Beziehungen. Mein Leben ist zur Zeit durcheinander und mit Sicherheit nicht auf dem Gipfel der Glückseligkeit, aber wenn ich eines in dieser Weihnachtszeit gelernt habe, ist es, dass es das auch ruhig sein kann. Im Moment jedenfalls. Ein Single, arbeitslos, mit einem Haufen Zukunftsangst und noch mehr Vergangenheitsproblematik. Aber wenigstens weiß ich, wer ich bin.

Kapitel 5

„Wer kommt eigentlich alles morgen?", fragt Christian mit hochgezogenen Augenbrauen.

„Keine Ahnung, Jonas meinte, mit den Freunden von Normen werden es so ungefähr zwanzig Leute."

„Aha."

„Das wird schon lustig."

„Klar, wenn Normen auch so ein Partykracher wie Jonas ist."

„Ach, jetzt komm."

Christian nimmt einen Schluck von seinem grünen Tee. Ich weiß, dass er Silvester lieber bei Freunden in Berlin gefeiert hätte, aber die Party hat sich kurz vor Weihnachten zerschlagen, weil sich das Gastgeberpärchen getrennt hat. So zieht ein Unglück seine Kreise und Christian hat sich und Gregor bei Jonas eingeladen.

Wir sitzen in unserem Stammcafé bei unseren Stammgetränken. Christian und sein Tee mit dem unaussprechlichen chinesischen Namen und ich mit meinem Latte Macchiato. Es ist Samstag, 15.30 Uhr. In diesem Jahr fällt Silvester auf einen Sonntag, so dass heute die letzte Chance zum Einkaufen ist. Wenn man auf die Fußgängerzone schaut, könnte man meinen, heute wäre die allerletzte Möglichkeit dazu für die nächsten zehn Jahre. Hunderte von Menschen drängen sich mit dicken Mänteln, Mützen und Schals bekleidet durch die Passagen. Mittlerweile knallt es alle paar Sekunden und ab und zu sieht man leuchtende Feuerwerkskörper am Himmel. Ach, Kinder, wartet doch bis Morgen. Wenn ich das doch auch könnte, aber leider muss ich heute meine Einkäufe erledigen. Jonas serviert Raclette, beziehungsweise stellt er die dazu nötigen Grills und Getränke zu Verfügung. Alles andere hat er auf die Gäste verteilt. Mir hat er dabei Ananas und Champignons zugedacht. Das sollte doch zu schaffen sein.

„Lass uns zahlen", sage ich zu Christian und nehme einen letzten Schluck.

„Stimmt, du musst noch einkaufen, oder?"

„Ja, leider, was machst du jetzt?"

„Ich habe um sechzehn Uhr eine Ayurveda-Behandlung."

„Bitte?"

„Schätzchen, von nichts kommt nichts."

„Schon klar."

Vor wichtigen Ereignissen zieht Christian immer sämtliche Register. Letztes Jahr war er vor dem CSD eine Woche lang auf einer Schönheitsfarm in Stralsund. Er und vierzig Frauen um die fünfzig.

Nachdem wir uns verabschiedet haben, drängele ich mich durch die Menschenmasse in Richtung Einkaufscenter. Es ist unglaublich kalt und Hamburg erinnert mit all seinem Schnee an nördlichere Breitengrade. Eigentlich ist der Winter an sich ja ganz schön, zumindest bis die daran gebundenen Feiertage verstrichen sind. Übermorgen können meinetwegen die ersten Krokusse anfangen zu blühen und die Milchkaffees draußen serviert werden.

Mein Gott, wenn in diesem Einkaufscenter eine Bombe einschlagen würde, hätte Hamburg mit Sicherheit die Hälfte seiner Bevölkerung verloren. Eigentlich wollte ich mir noch etwas zu essen kaufen, aber in Anbetracht des Gewimmels bin ich froh, wenn ich mit den Konserven voll Ananas und Champignons und vor allem ohne blaue Flecken hier wieder draußen bin und mir etwas bei meinem Chinesen um die Ecke holen kann.

Ich habe mir natürlich wieder mal die Kasse ausgesucht, bei der es am längsten dauert. Das ist ein Phänomen, das mit Logik nicht zu erklären ist. Es kann auch die kürzeste Schlange sein, es dauert trotzdem am längsten, weil dann bei dem Vordermann die EC-Karte nicht funktioniert oder die Kassiererin erst nachschauen muss, wie teuer ein Bund Radieschen ist. Heute sind es fehlende Centmünzen.

„Das darf doch nicht wahr sein!" Die junge, gutaussehende Frau vor mir macht ihrem Unmut ziemlich lautstark Luft, wird von der Kassiererin jedoch überhaupt nicht beachtet. Sie dreht sich zu mir um und verdreht die Augen. Sie ist unheimlich attraktiv, hat lange, leicht gewellte, blonde Haare, dunkle Augen und trägt einen schwarzen Mantel. Sie sieht mich die berühmte Sekunde zu lange an, und ich finde, ich muss etwas sagen.

„Also, ich hätte es bestimmt passend."

„Eben. Ich nämlich auch."

Wir lächeln uns an und es ist einer dieser seltenen Momente, in denen man nach ein paar Sekunden merkt, dass man den anderen wahnsinnig gern mag.

„Dann kommen Sie halt vor."

Die gestresste Kassiererin, die immer noch auf ihre Centstücke wartet, ist zwar nicht gerade freundlich, aber ihr Angebot ist mehr als verlockend. Die blonde Frau geht nach vorne und bezahlt. Erst jetzt fällt mir auf, welche Waren auf dem Band zu ihr gehören. Eine Flasche Sekt, ein paar Mandarinen und ein Singlepack Ravioli. Seit ein paar Monaten gibt es diese Singlepacks zu kaufen. Klein, handlich und genau für eine Person portioniert, damit bloß kein Essen weggeschmissen wird. Ich habe es ausprobiert. Die Singles, die solche Dinger kaufen, haben ein viel größeres Problem als ihr Singledasein: Sie essen zu wenig. Wer wird schon von fünf Ravioli satt?

Auch ich drängele mich an den drei Leuten, die noch vor mir stehen und ziemlich perplex dreinschauen, aber kein Wort sagen, bis zur Kasse vor. Hoffentlich habe ich es überhaupt passend.

„Drei Euro und sieben Cent."

Mist! Mir fehlt ein mickriges Cent-Stück.

„Ich … ähm …"

Die Kassiererin wirft mir einen eiskalten Blick zu, und auch die Leute hinter mir scheinen schon ihre Steine wurfbereit in die Hand genommen zu haben.

„Was fehlt dir denn?"

„Ein bescheuerter Cent."

Die blonde Frau lächelt mich an und legt ein Ein-Cent-Stück neben meine drei Euro und sechs auf die Kassenablage.

„Danke."

„Kein Problem."

Die Kassiererin schürzt die Lippen und greift nach dem Geld. Ich packe die beiden Dosen in meine Tasche und gehe mit der blonden Frau in Richtung Ausgang.

„Sag mal, wollen wir noch einen Kaffee trinken gehen?", frage ich. Irgendwie möchte ich mich bei ihr bedanken.

„Nein, danke, ich muss dringend nach Hause. Den Cent kannst du mir ein anderes Mal wiedergeben."

„Na dann, einen guten Rutsch."

„Den wünsche ich dir auch. Tschüss."

Ab und zu kann Flirten mit Frauen auch ganz schön sein. Ich bleibe am Ausgang stehen, suche nach einer Zigarette und schaue ihr solange nach, bis sie im Menschenmeer verschwindet.

„Sieben Euro bitte."

„Dann stimmt das so. Danke."

Ich drücke dem Pizzaboten acht Euro in die Hand und schließe die Tür. Mir war dann doch nicht nach Chinesisch, beziehungsweise hatte ich einfach keine Lust mehr, die Wohnung noch mal zu verlassen.

Mit der Pizza setze ich mich vor den Fernseher. Ich habe das Licht gedimmt, die Heizung voll aufgedreht und meine alte Jogginghose angezogen. Ein gemütlicher Fernsehabend am 30. Dezember. Die Ruhe vor dem Sturm.

Nachdem ich die Pizza gegessen habe, suche ich nach einem Feuerzeug für meine Zigarette. Das ist doch wieder mal typisch. Vorgestern hatte ich mindestens vier Feuerzeuge im Haus. Alle weg. Auch so ein Phänomen. Ich habe absolut keine Lust, rüber zur Tankstelle zu laufen, zumal es draußen schon wieder angefangen hat zu schneien. Eigentlich ganz schön, aber ich würde mir das Ganze lieber mit einer angezündeten Zigarette ansehen. Da hilft nur eins: Plan B. Ich gehe in die Küche, stelle den Toaster an, stecke die Zigarette in meinen Mund und beuge mich runter zu den glühenden Drähten. Mann, ist das heiß, aber es funktioniert. Rauchen macht eben erfinderisch.

Ich stelle mich vor das Fenster und sehe dem Schneetreiben zu. Schnee scheint die ganze Welt leiser zu machen. Es ist wirklich schön. Ich hole eine alte Kuschelrock-CD aus dem Schrank, stelle Roxette mit *It Must Have Been Love* ein und setze mich mit meiner Zigarette auf die Fensterbank.

Im Winter ist es schwieriger, Single zu sein. Im Sommer ist das anders, da ist man frei, ungebunden und bereit für jedes Abenteuer in der blühenden Natur. Im Winter fühlt man sich dagegen eher allein, verlassen und möchte am liebsten gar nicht mehr auf die Straße gehen, jedenfalls wenn einen die erste Winterdepression so richtig erwischt hat.

Seit ich nach den Feiertagen wieder in Hamburg bin, habe ich mich eigentlich ganz gut gehalten und kaum an Andreas gedacht. Kaum ist untertrieben, aber es hielt sich in Grenzen. Der Aufenthalt zu Hause und vor allem dieses Klassentreffen waren im Endeffekt ganz hilfreich. So wie Heilfasten. Es ist nicht angenehm, aber danach geht es einem doch besser. Wobei der Vergleich mit dem Fasten in punkto Ernährung doch etwas hinkt.

Im Fenster sehe ich mein Spiegelbild. Meine Güte, eine Ayurveda-Behandlung hätte mir auch ganz gut getan, aber nach den Unmengen von Alkohol der letzten Tage ist das Elend, das mir da entgegenblickt, nun wirklich kein Wunder. Dabei ist das Licht noch vorteilhaft. Im Januar wird gänzlich auf Alkohol verzichtet.

Trotzdem, irgendetwas muss ich unternehmen, schließlich ist morgen Silvester und da will man doch gut aussehen.

Ich gehe ins Badezimmer, öffne den Schrank unter dem Waschbecken und hole das kleine Körbchen mit den Masken und Peelings heraus. Es müssen ungefähr siebzig kleine Tütchen darin sein. Jedes neue Präparat, das auf den Markt gekommen ist, hat garantiert den Weg in dieses Körbchen gefunden und garantiert wird einem in den Beschreibungen auf den Rückseiten auch so einiges. Da fragt man sich, warum sich manche Leute liften lassen, wenn diese Feuchtigkeitsmaske hier doch die gleichen verblüffenden Effekte erzielen soll. „Eine einzigartige Kombination wertvoller Mineralien, Avocado und Gurkenextrakt hilft der Haut, verlorene Feuchtigkeit wieder aufzubauen, und reduziert fühlbar neuen Feuchtigkeitsverlust. Vitamin A unterstützt die stark pflegende Wirkung für eine straffe, schöne und geschmeidige Haut." Na, da bin ich ja mal gespannt. Eigentlich sollte man diese Maske ein bis zwei Mal wöchentlich anwenden, aber wer hat denn Zeit für so was?

Ich drehe den Wasserhahn auf, weil man das Gesicht vorher gut reinigen muss, als mich plötzlich ein allgemeiner Wellnessbedarf packt. Also lasse ich Wasser in die Badewanne einlaufen, schütte einen Badezusatz mit Fichtennadelaroma, der sich auch in dem Körbchen befand, dazu und gehe in die Küche, um Olivenöl zu holen. Ich habe mal gelesen, dass die Haut davon ganz weich wird, und so schütte ich einen kräftigen Schuss in das laufende Badewasser.

Eines Tages möchte ich mal ein ganz großes Badezimmer haben. Am besten alles in weiß oder besser in cremefarben. Eine riesige Eckbadewanne unter einem Klappfenster, so dass man beim Baden den Sternenhimmel sehen kann. Eine Dusche mit Massagestrahlfunktion und eingefasst von Glaswänden. Viele grüne Pflanzen, Tische aus Chrom und einen großen Spiegel über den beiden blitzenden Waschbecken.

Eine Stereoanlage, die muss auch in mein zukünftiges Bad. Aber auf Musik muss ich schon heute nicht verzichten. Kabel raus, Stereoanlage rüber ins Badezimmer tragen und auf die Waschmaschine stellen, die direkt neben der Badewanne steht. Aber bei näherer Betrachtung steht in meinem Bad alles direkt neben der Badewanne. Egal. Sie ist inzwischen schon halb voll. Ich ziehe meine Jogginghose und das gelbe, alte T-Shirt mit der grünen Palme drauf aus und lege sie auf die Heizung. Für später.

Ich liebe Baden. Dabei fühlt man sich nicht nur gut, sondern auch wieder wie ein Kind. Baden war damals das Größte, mit Papa in der Wanne planschen ein absolutes Glücksgefühl. Später, als ich allein gebadet habe, konnte ich mir sicher sein, dass jede Minute die Stimme meiner Mutter durch das Haus tönte, mit der Frage, ob ich noch lebe. Viel geändert hat sich da nichts. Erst vor ein paar Wochen hat sie mich angerufen, als ich gerade im Begriff war, in die Wanne zu steigen. Nach dem Telefonat läutete in zweiminütigen Abständen das Handy, das ich mir für alle Fälle neben die Wanne legen sollte. „Hallo, Schatz, ich wollte nur fragen, ob alles in Ordnung ist.“ Wenn da nicht Entspannung aufkommt.

Heute wird das aber alles ganz anders. Die Wanne ist nun fast schon ein wenig zu voll. Ich drehe den Wasserhahn ab und stecke meine Hand ins Wasser. Mein Gott, ist das heiß. Da kann ich jetzt noch nicht reinsteigen, es sei denn, ich würde mich vorher als Hummer verkleiden. Dann rauche ich eben noch eine Zigarette. Gehört zwar nicht ganz in ein Schönheitsprogramm, aber egal. Also, auf zum Toaster.

Ich schalte den Fernseher ein, um kurz durch die Programme zu zappen. Vielleicht kommt ausnahmsweise ein guter Film und dann schön nach der Badewanne unter die Decke und fernsehen. Fehlanzeige, aber dafür zeigen sie auf RTL die peinlichsten Versprecher und die größten TV-Pannen des Jahres. Das ist doch immer ganz witzig.

Als eine Außenreporterin in einem Zoo von einem Elefanten nassgespritzt wird, fällt mir siedendheiß ein, dass ich doch baden wollte. Das Badewasser ist mittlerweile allerdings alles andere als heiß. Na egal, ich lasse jetzt kein heißes Wasser nachlaufen, außerdem macht mein Boiler das gewohnheitsgemäß sowieso nicht mit.

Ich steige also in die Badewanne. Ein paar Grad mehr hätten es ruhig sein können. Mal Musik anmachen. Na toll, jetzt habe ich vergessen, den Stecker anzuschließen. Also noch mal raus, Stecker rein und wieder zurück ins Wasser. Das darf doch wohl nicht wahr sein! Jetzt springt die dämliche Kuschelrock-CD ständig. Allerdings dürfte sie das übliche Haltbarkeitsdatum von CDs wohl auch schon überschritten haben. Noch einmal aus der Badewanne steigen kommt nicht in Frage, dann schalte ich eben das Radio ein. Was ist das denn? Nicht einen Sender bekommt man hier richtig rein. Ist ja eigentlich auch kein Wunder, mein Bad hat keine Fenster, und die Tür ist auch zu. Dann eben keine Musik.

Wo ist eigentlich der Schwamm? Wahrscheinlich mit meinen Feuerzeugen im Kino.

Mein entspannendes Bad entwickelt sich mehr und mehr zu einem stressigen Unterfangen und dann das ganze Öl auf der Wasseroberfläche. Was für ein idiotischer Tipp ist das eigentlich? Davon soll die Haut weicher werden?

Mir reicht es. Ich ziehe den Stöpsel, steige aus der Badewanne und schnappe mir ein großes Handtuch. Die Haut wird nicht weicher, sondern einfach nur ölig. Mein ganzer Körper ist voll mit Olivenöl, da hätte ich mir das Zeug auch direkt über den Kopf schütten können. Also wieder rein in die inzwischen nur noch halbvolle Badewanne und abduschen. Natürlich, wie zu erwarten war, ist mein Boiler nicht in der Lage, noch mehr heißes Wasser zu produzieren, so dass das Ganze eine ziemlich kalte Angelegenheit und Herrn Kneipp mal wieder alle Ehre gemacht wird.

Wenigstens sind meine Klamotten durch die Heizung schön aufgewärmt. So, jetzt erst mal unter die Decke, kurz relaxen und in zehn Minuten trage ich dann die Wundermaske auf. Ich bekomme meine Entspannung, koste es, was es wolle.

„George, ich habe dir gesagt, dass es nicht anders geht. Wir haben doch alles versucht …"

Wer? Was? George? Ich öffne die Augen. George ist ein Typ Mitte vierzig, der offensichtlich gerade von seiner Frau verlassen wird. Mein Fernseher ist an. Warum bloß? Habe ich ihn gestern denn nicht ausgeschaltet? Moment mal, gestern? Ich sehe auf die Uhr. Es ist 3.27 Uhr. Wieso wache ich denn mitten in der Nacht auf und warum ist mein Fernseher an? Ich richte mich auf und gehe wie automatisch ins Badezimmer. Meistens muss man ja auf Toilette, wenn man um diese Zeit aufwacht. Aber als ich im Badezimmer gelbe, ölige Spuren auf dem Badewannenrand entdecke, dämmert es mir langsam. Genau, ich habe mich nach dem Baden kurz hingelegt. Na bravo, aus den zehn Minuten sind wohl eher sechs Stunden geworden. Soviel dann zum Thema Wellness. Hoffentlich gehen diese Ölspuren wieder ab, aber darüber denke ich morgen nach, jetzt schlafe ich am besten schnell weiter.

Wieder in meinem Bett kuschele ich mich unter die Decke und schließe die Augen. Ich habe es schon fast geahnt. Schlafen kann ich jetzt nicht mehr, aber ich kann doch nicht um halb vier aufstehen, zumal heute Silvester ist. Okay, dann rauche ich noch eine Zigarette. Wo ist denn das Feuerzeug? Ach ja, der Toaster.

Das Telefon klingelt.

„Ja, hallo?"

„Hallo, mein Schatz, ich wollte dir nur noch schnell einen guten Rutsch wünschen."

„Ja, ich euch auch!"

„Wir gehen jetzt nämlich gleich rüber zu Junghansens. Wann gehst du denn los?"

„Was? Ach so, gegen 21 Uhr, denke ich."

„Na, das ist ja auch schon bald."

„Genau. Was?"

„Ich sagte, das ist ja dann auch schon bald. Na ja, wir telefonieren dann morgen oder besser nächstes Jahr, was? Also, einen guten Rutsch, mein Schatz."

„Ja, euch auch."

Ich lege den Hörer auf und traue mich kaum, auf die Uhr zu sehen. Gegen sieben Uhr muss ich wieder eingeschlafen sein – nachdem ich im Fernsehen die Wiederholung der TV-Pannen, einen zweitklassigen Psychothriller und einen tschechischen Märchenfilm gesehen habe.

Es ist dunkel draußen, das verheißt nichts Gutes. Ich werfe schließlich doch einen Blick auf die Uhr über dem Kücheneingang. Meine Güte, es ist 19.34 Uhr. In anderthalb Stunden muss ich bei Jonas sein. Ich will gerade panisch aus dem Bett und unter die Dusche springen, als mir klar wird, dass ich einen wirklich guten Plan brauche. Also, was ist zu tun? Duschen versteht sich von selbst, stylen, Klamotten aussuchen. Eine Kleinigkeit essen muss ich auch noch, ich möchte den Tag schließlich nicht mit einem Raclettepfännchen voll Salami und Gouda beginnen. Also muss ich rüber zur Tankstelle und Brötchen kaufen, da kann ich auch gleich eine Flasche Sekt holen. Da hätte ich ja auch gestern dran denken können.

Ich beschließe, das Frühstück, was um diese Zeit eigentlich einen anderen Namen bräuchte, vor die Dusche zu disponieren. Also ziehe ich mir schnell meine Jacke über und verlasse die Wohnung. Die Tankstelle ist zum Glück gleich gegenüber.

Ich trete auf die Straße und zucke vor Schreck zusammen. Ein Heuler fegt direkt an meinem Gesicht vorbei. Man kommt sich vor, als befände man sich im Belagerungszustand, überall knallt es und der Himmel glüht vom Raketenfeuerwerk. Es ist doch noch gar nicht so weit. Jedes Jahr dasselbe.

„Hallo, einmal das hier bitte."

Ich lege eine Sektflasche, weiche Brötchen und ein Glas Nutella auf die Ablage. Es piept dreimal und in roten Zahlen erscheint 11,11 Euro. He, wenn das kein Glück bringt. Das lässt mich sogar fast diesen unverschämt teuren Preis vergessen.

Durch Blitzlichter und Knaller kämpfe ich mich wieder zu meiner Wohnung durch und sitze wenig später mit einem leckeren Nutellabrötchen vor dem Fernseher. Ich habe beschlossen, mich nicht zu stressen, dann komme ich eben ein bisschen zu spät, wäre ja auch nicht das erste Mal.

Nachdem James zum sechsten Mal über den Tigerkopf gestolpert ist, ist es Zeit zum Duschen. Es ist mittlerweile 20.17

Uhr. Ich werfe kurz einen Blick in den Spiegel und stelle fest, dass selbst die beste Maske einem langen und offensichtlich dringend nötigen Schönheitsschlaf nicht das Wasser reichen kann. Ich sehe wirklich ziemlich erholt aus.

20.34 Uhr. Nach dem Eincremen öffne ich den Kleiderschrank und finde sofort das ultimative Silvesteroutfit. Die hellbeige Hose und mein blaues, enganliegendes Lieblings-T-Shirt.

20.43 Uhr. Haare stylen.

20.52 Uhr. Parfüm auflegen.

20.55 Uhr. Haare noch mal nachstylen und fixieren.

21.01 Uhr. Schlüssel suchen.

21.12 Uhr. Schlüssel gefunden. Geld, Zigaretten und Handy einstecken.

21.15 Uhr. Ich bin fertig und verlasse die Wohnung. Zu Jonas sind es von mir aus nur zehn Minuten zu Fuß. Im Treppenhaus höre ich die Knallerei von draußen. Ach was, ich nehme mir ein Taxi.

Mist. Jetzt habe ich die Konserven vergessen. Ich drehe um, laufe die Treppen wieder hoch, schließe die Tür auf und höre das Telefon klingeln. Wahrscheinlich ist es Jonas. Mein Gott, ich bin doch nur fünfzehn Minuten zu spät, dann soll er den Raclettegrill eben schon anschmeißen.

„Bin ja gleich da."

„Das bezweifle ich."

„Ach … Marie, du, ich dachte …"

„Du bist mal wieder in Verzug, was?"

„Ja, aber nur ein paar Minuten."

„Mir ist da nur etwas eingefallen. Nachdem wir ja dieses Jahr schon nicht zusammen feiern, müssen wir trotzdem unser Orakel befragen."

„Ach ja, stimmt, das Orakel. Und wie?"

„Na, am Telefon."

„Na ja, aber ich muss doch jetzt los."

„Was ist dir wichtiger, Steffen, noch ein paar Minuten mehr Verspätung oder eine uralte Tradition?"

„Ich mache nur eben den Sekt auf."

Marie hat Recht. Manche Traditionen muss man wahren. Dieses Jahr feiern wir seit einer Ewigkeit nicht zusammen Silvester, weil Marie zum einen nicht schon wieder wie die letzten zwei Jahre unter Schwulen feiern wollte, zum anderen ist sie in Berlin von einem attraktiven Typen aus der Uni zu einer Party eingeladen worden, den sie seit Wochen anhimmelt. Ich hatte natürlich vollstes Verständnis.

Die Orakeltradition hat vor ein paar Jahren angefangen, da hatte ich es von meinen Eltern zu Weihnachten geschenkt bekommen. Das Runen-Orakel besteht aus einem roten Samtsäckchen, in dem sich vierundzwanzig Steine mit eingeritzten Symbolen befinden, die Runen. Anbei gibt es ein in braunes Leder eingefasstes Buch, das verschiedene Auslegungsmöglichkeiten beschreibt und natürlich die Bedeutung jeder einzelnen Rune erläutert. Marie und ich benutzen die wohl simpelste Variante. Jeder zieht drei Runen und legt sie mit dem Zeichen nach unten nebeneinander vor sich hin. Dann deckt man zuerst die rechte Rune auf, sie steht für die Gegenwart, die Situation, in der man sich momentan befindet. Die mittlere Rune zeigt die nötigen Handlungen, die Herausforderungen oder Geschehnisse, die in dem kommenden Jahr auf einen warten. Und schließlich dreht man die linke und letzte Rune um. Sie ist die Spannendste von allen. Sie ist die Zukunft. Die Lebenssituation, in der man sich also bald befinden wird.

„So, da bin ich wieder."

Mit einem Glas von dem Sekt, den ich eigentlich mit zu Jonas nehmen wollte, in der einen Hand, den Telefonhörer in der anderen sitze ich auf dem Boden. Sekt gehört eben zum Runenorakel wie *Diner for One* zu Silvester.

„Na, dann mal los", sagt Marie ungewöhnlich heiter.

„Soll ich dann für dich die Runen ziehen, oder wie?“

„Genau. Du kreist mit deiner Hand in dem Sack, bis ich Stop sage. Die Rune, die du dann gerade berührst, ziehst du heraus, und du musst dabei ganz fest an mich denken.“

„Seit wann bist du denn so esoterisch?“

„Ach, halt die Klappe, Steffen.“

Ich weiß, dass Marie, genau wie ich, eigentlich nichts von solchen Sachen halten will, aber etwas in ihr glaubt eben doch an spirituelle Schwingungen und weissagende Orakel. Eigentlich haben wir es beide nicht wirklich ernst genommen, als wir damals damit begonnen hatten, und man kann sich natürlich alles so hinbiegen, wie man möchte oder wie es gerade passt, aber dennoch sind die Voraussagungen immer ziemlich richtig gewesen. Ein bisschen Esoterik kann ja auch nicht schaden.

„Also, dann du zuerst?“, frage ich.

„Wie immer, *ladies first.*“

„Okay, dann fangen wir an.“

Ich stecke vorsichtig meine Hand in den Beutel. Die Steine fühlen sich kalt an, kein Wunder, sie wurden schließlich auch ein Jahr nicht benutzt. Ich kreise langsam mit meiner Hand umher und versuche, mir Maries Gesicht dabei vorzustellen.

„Stop!“

Ich habe zwei Steine in der Hand, entscheide mich dann für den Linken, ziehe ihn behutsam heraus und lege ihn vor mich auf den Boden.

„Okay, das war deine erste.“

„Gut, dann weiter.“

Wieder ist meine Hand bei den kalten Runen und auf Maries Stop ziehe ich die zweite Rune heraus. Diesmal ist es ganz eindeutig.

„Alles klar, dann ein letztes Mal.“

Es dauert mindestens eine Minute, bis Marie sich für ihre Zukunft entscheidet. Zwischendurch wurden meine Gedanken an sie von einem leckeren Raclettegericht abgelenkt, aber das dürfte nicht weiter ins Gewicht fallen. Die drei Steine liegen also vor mir auf dem Teppich.

„Bist du bereit?", frage ich etwas bedeutungsschwanger.

„Ich bin bereit."

„Also, deine momentane Situation."

Ich drehe die rechte Rune um, und es erscheint ein Zeichen, das einer Sichel ähnelt. Laguz. Ich schlage das Deutungsbuch auf, Laguz steht auf Seite vierundachtzig.

„Ein Fluss positiver, schöpferischer Energien wartet auf seinen Ausbruch. Diese Stimmungsschwankungen im positiven Bereich reichen von himmelhochjauchzend bis zu ungebremster Schaffenskraft. Mitmenschen können sich dadurch aber leicht überfordert fühlen."

„Na, das hört sich doch gut an, wo ich nächsten Monat mit meiner Diplomarbeit anfange. Da sollen sich die anderen mal nicht so anstellen."

„Genau. Dann die Zweite?"

„Ich bitte darum."

Maries zweite Rune ist Sowilo. Die Lebenskraft.

„Kraftvoll unterstützt dich Sowilo, so dass du offen und tatkräftig sein kannst. Aber leicht wird diese Kraft zu stark. Dann hinterlässt du auf deinem Weg eine Schneise der Verwüstung. Und auch wenn es nicht so arg kommt, könnte es sein, dass sich zumindest der Eine oder Andere von dir überrumpelt fühlt."

„Ja, sag mal, soll ich mich jetzt für die nächsten Monate ganz von meinen Mitmenschen isolieren, oder was?"

„Tja, ich weiß auch nicht."

„Am besten, ich schreibe mein Diplom in einem Kloster."

„O Gott, die armen Nonnen."

„Mach weiter."

Jetzt wird es spannend. Ich drehe die linke Rune um und ein F kommt zum Vorschein. Es ist Fehu, der Bestand.

„Na, was ist?"

„Moment, ich muss es ja erst mal nachschlagen."

„Ach so."

„Also da steht, du bist auf jeder Ebene erfolgreich, egal ob auf der materiellen oder auf der geistigen Ebene, in Fehu offenbart sich Mehrung."

„Das war's?"

„Ja, das war's."

„Aha."

„Hör mal, das klingt doch fantastisch."

„Ja, das stimmt."

„Oder nicht?"

„Doch schon."

„Was ist denn?"

„Von einer Beziehung war nichts zu lesen, oder?"

Für einen kurzen Augenblick überlege ich, ob ich einfach ein paar Sätze zu Maries Orakelergebnis hinzudichten sollte, aber das wäre Quatsch. Ich weiß, dass ihr anstehendes Diplom natürlich sehr wichtig für sie ist, aber nicht gegen einen eventuellen neuen Freund ankommt. Schließlich ist ihre letzte Beziehung schon Jahre her und Marie hat das Singledasein mehr als satt. Vor ein paar Monaten hat sie mir gesagt, dass sie all das, was das Singleleben bietet, erlebt und ausgekostet hat und sie reif für eine Beziehung sei. Aber so ist das nun mal, Beziehungen kommen nicht auf Bestellung und dann, wenn man reif dafür ist. Wenn man überhaupt reif für eine Beziehung sein kann.

„Nein, da war nichts."

„Na ja, ich muss mich sowieso auf das Diplom konzentrieren."

„Ach, wer weiß, vielleicht kommt ja doch alles ganz anders."

„Wir werden sehen. Du bist dran."

„Gut."

Ich lege Maries Runen zurück in den Beutel und werfe einen Blick auf die Uhr, die 21.32 anzeigt. Die Raclettegrills dürften schon angeschaltet sein. Egal, soviel Zeit muss sein.

Ich stecke meine Hand in das Säckchen, schließe die Augen und denke an Marie, bis mir einfällt, dass es jetzt ja um meine Prophezeiung geht. Soll ich mir nun mein Gesicht vorstellen? Ach nein, ich konzentriere mich einfach darauf, die richtigen Runen zu ziehen. Mittlerweile sind die Steine wärmer, sie fühlen sich ganz weich an, fast so, als wären sie aus einem samtigen Stoff gefertigt.

Ich ziehe die erste Rune heraus und lege sie vor mich auf den Boden. Die zweite Rune finde ich wie die von Marie ganz schnell und lege sie daneben. Jetzt die Zukunft.

Meine Zukunft. Hoffen wir das Beste. Es passiert etwas Seltsames. Die Rune, die ich auserkoren hatte, fällt mir kurz, bevor sie zum Vorschein kommt, aus der Hand zurück in den Beutel. Ich greife wieder hinein und habe sofort den nächsten Stein in der Hand, ob es derselbe ist wie eben, weiß ich nicht, aber es ist 21.39 Uhr, das hat jetzt meine Zukunft zu sein.

„Und hast du es?“, fragt Marie ungeduldig.

„Ja, also ich decke die erste auf.“

„Gut, lies vor.“

„Ich mach ja schon.“

Auf der ersten Rune, meiner gegenwärtigen Lage, ist ein langer, einzelner Strich zu sehen. Es ist Isa, der Stillstand.

„Wenn ein Weg keine Chance mehr hat und es keinen Ausweg gibt, erstarrt der Mensch. Dann ist es an der Zeit, den Blick nach innen zu richten. Die Starre löst sich, wenn Entscheidungen gefallen sind.“

„Aha.“

„Na ja, ist ja schon was Wahres dran.“

„Sei doch froh, dass das nicht die dritte Rune war.“

„Stimmt auch.“

„Warte mal, ich muss mir noch mal einen Schluck Sekt aus dem Kühlschrank holen."

„Okay."

Der Stillstand. Das ist es. Das trifft es genau. Ich stehe seit Wochen still. Dieses Orakel ist der Wahnsinn.

„Da bin ich wieder, es kann weitergehen."

Das muss aufhören. Mich überfällt auf einmal ein lang vermisster Enthusiasmus. Das nächste Jahr packe ich ganz anders an. Das wäre doch gelacht. Vielleicht gehörte das alles zu einer erfolgreichen Trennung dazu und ist völlig normal. Andreas hat als erstes einen neuen Freund gehabt, reiner Zufall. Wenn er mich mit einem anderen gesehen hätte, wäre es ihm wahrscheinlich nicht anders gegangen als mir.

„Bist du noch dran, Steffen?"

„Was? Ja, klar."

„Dann mach doch weiter."

Die zweite Rune zeigt einen Pfeil, der nach oben gerichtet ist.

„Okay, das ist Tiwaz. Mut. Mit der nötigen Offenheit kannst du jetzt Dinge wahrnehmen, die dir sonst verschlossen sind. Dadurch kannst du dich und deine Mitmenschen besser kennenlernen und einen Einblick in kosmische Gerechtigkeit bekommen."

„Kosmische Gerechtigkeit. Vielleicht sollten wir zu zweit ins Kloster gehen."

„Dann können die den Laden nach zehn Tagen dichtmachen."

„O ja, das glaube ich auch."

Genau. Mut. Den hatte ich komplett verloren. Die letzten Wochen habe ich wie ein ängstliches Kaninchen im Bau gehockt und gehofft, dass das Gewitter vorüberzieht. Aber wer will schon den Rest seines Lebens in einem muffigen Loch verbringen? Raus in die Natur, Steffen.

Ich berühre die dritte und letzte Rune und drehe sie ganz langsam um. Vielleicht wäre die andere, die zurück in den Sack gefallen ist, doch besser gewesen. Aber so ist das mit der Zukunft. Man erlebt immer nur die eine Variante und weiß nie, was geschehen wäre, wenn. Außerdem soll ich doch mutig sein.

Es ist ein großes X. Sofort muss ich an meinen Mathematikkurs in der Oberstufe denken und wie sehr ich dieses X gehasst habe. Das große Unbekannte.

„Na, was ist?"

„Glückliche Wendung, wenn Aktivität Veränderungen vorantreibt. Mit ungeahnten Kräften ist zu rechnen. Ein Wandel, ein neuer Partner, berufliche Veränderung."

„Na toll, hätte ich das nicht bekommen können?"

„Nächstes Jahr."

„Ja ja, schon gut. Also pass auf. Ich wünsche dir einen ganz tollen Rutsch und eine gute Party."

„Das wünsch ich dir auch und halt dich ran."

„Mach ich, dann nehme ich meine Zukunft eben selber in die Hand, wenn auf das Orakel kein Verlass mehr ist."

„Hab dich lieb."

„Ich dich auch."

Ich lege auf und nehme den letzten Schluck Sekt aus meinem Glas. Mein Verhältnis zu Mathematik hat sich heute Abend jedenfalls schlagartig verbessert. X ist also gleich ein neuer Anfang und endlich scheint sich die berühmte andere Tür zu öffnen, nachdem ich die eine vor einem halben Jahr geschlossen habe. Vielleicht ist man für einen Stillstand selbst verantwortlich, vielleicht muss man sich erst selbst bewegen, damit sich die Außenwelt verändert. Damit es weitergeht.

So eine gute Voraussagung hatte ich jedenfalls noch nie. Das nächste Jahr kann kommen.

Ich stehe mit einer Zigarette auf Jonas' Dachterrasse, von der man einen fantastischen Blick über die Stadt hat. Es ist halb zwölf und das vergangene Jahr verabschiedet sich schon jetzt mit einem Feuerwerk, das seinesgleichen sucht. In der Pyrotechnik scheint sich einiges getan zu haben.

Ich war natürlich der letzte. Um 22.20 Uhr hatte ich mein erstes Raclettepfännchen auf dem Teller und dazu das zweite Bier in der Hand. Von den von Jonas geschätzten zwanzig Gästen sind genau acht gekommen. Die eine Hälfte sind Freunde von Normen, die andere Hälfte sind wir. Christian, der mit seiner Haut Werbung für Babyöl machen könnte, ein offensichtlich gelangweilter Gregor und ich.

„Was machst du denn hier draußen?"

Jonas steht in der Terrassentür und grinst mich an, noch mehr als sonst. Er ist glücklich. Glücklich mit Normen an seiner Seite. Die beiden sind inzwischen ein Paar. Ganz offiziell.

„Ach, nur ein bisschen schauen. Und eine rauchen."

„Kommst du mit rein? Wir wollen ein Tischfeuerwerk machen."

„Na, das darf ich ja wohl nicht verpassen."

Erstaunlich. Vor einem Jahr wäre Jonas noch in ständiger Sorge um das Amüsement seiner Gäste gewesen. Heute freut er sich wie ein Kind auf ein Tischfeuerwerk. So habe ich ihn noch nie erlebt. Er scheint ihn wirklich gefunden zu haben, diesen Einen, auf den sich das Warten offensichtlich so gelohnt hat. Vielleicht ist Normen es auch gar nicht, aber bei Jonas sind schon die weggewischten Zweifel daran ein wahres Wunder.

Gibt es diesen Einen wohl für uns alle? Diesen einen Mann, der uns aus dem schwarzen Reich der One-Night-Stands, der einsamen Fernsehabende und emotionalen Bindungsunfähigkeit herausholt und mit uns auf einem weißen Pferd zu den Sternen reitet?

Diese Retterfantasien kenne ich nur zu gut. Jemanden zu treffen, der einen befreit, der den ganzen schmutzigen Ballast der Vergangenheit mit einem einzigen Wimpernschlag von einem abfallen lässt. Vielleicht gibt es solche Retter wirklich. Ihre weißen Uniformen und scharfen Schwerter unter trendigen Klamotten versteckt, warten sie hinter der nächsten Ecke, um die Drachen, die unser Leben zur Hölle machen, mit einem gewaltigen Schlag zu töten. Aber diese Vorstellung hat einen großen Haken. Wer will schon so unselbstständig sein und sein Leben völlig in die Hand eines anderen geben? Wer gibt schon gerne zu, so schwach zu sein, dass er eine solche Rettung nötig hat? Vielleicht sind also das Problem nicht die fehlenden Retter, sondern der fehlende Mut, sich retten zu lassen.

Ich ziehe meine Schuhe wieder aus und gehe mit Jonas zurück in seine Wohnung, die mich immer an das Bild aus einem Möbelkatalog erinnert. Alles perfekt eingerichtet, aber dadurch auch etwas steril und unpersönlich. Na ja, Normen wird es gefallen. Auf der weißen Couch sitzen alle um den gläsernen Tisch herum. Also, so richtige Partystimmung will wirklich nicht aufkommen und unter normalen Umständen wäre Jonas jetzt der unglücklichste Mensch der Welt. Man erkennt eben auf den ersten Blick die zwei Lager. Allerdings bin ich froh, dass ich zu dem anderen gehöre. Normens Freunde sind genau wie er: sehr nett, sehr höflich, sehr langweilig.

Ich hatte mich kaum neben Christian auf das Sofa gesetzt, schon zündete einer von Normens Freunden das Tischfeuerwerk. Überall auf dem Boden liegen nun kleine Schornsteinfeger, Hufeisen aus Plastik und rosa Schweinchen herum. Wie entzückend.

„Da ist irgendwas in deinem Glas, Schätzchen"

„Was?"

„Da ist irgendetwas in dein Glas geflogen."

Christian hat recht. In meinem Sektglas schwimmt etwas Goldenes. Vorsichtig ziehe ich es heraus und muss lachen.

„Also Leute, wenn das kein Omen ist, dann weiß ich auch nicht."

Es ist eine kleine goldene Plakette mit einem muskulösen, männlichen Oberkörper darauf. Sämtliche sarkastischen Bemerkungen ignoriere ich konsequent und stecke die Plakette tief in meine Hosentasche. Ich muss an das X aus dem Runenorakel denken. Besser kann es wirklich nicht mehr werden.

„Drei, zwei, eins … frohes Neues!"

Wir stehen alle dicht gedrängt auf Jonas' Dachterrasse. Viele Küsse, viele Umarmungen, viel Sekt. Nachdem ich meinerseits allen ein frohes Neues Jahr gewünscht habe, stelle ich mich etwas abseits an das meiner Meinung nach viel zu niedrige Geländer und schaue auf die Stadt.

Irgendwo da draußen bist du. Das X. Mein Mister X. Meine Zukunft. Mein Retter, der meine Vergangenheit besiegt. Das ist wie in *Scotland Yard*, dem Brettspiel, in dem es darum geht, Mister X zu finden, der sich in der Stadt versteckt hält. Man fährt unablässig mit Bussen, Bahnen und Taxis durch die Gegend und hofft, dass man zufällig auf dem gleichen Feld landet wie Mister X. Und wenn man den Voraussagungen der letzen Stunden Glauben schenken darf, werde ich also demnächst den richtigen Bus nehmen und an der richtigen Station aussteigen. Na ja, oder lieber ein Taxi.

„Ist alles klar, Schätzchen?", fragt Christian und stellt sich neben mich an das Geländer.

„Ja, ich habe das Gefühl, vor uns liegt ein großartiges Jahr."

„Davon bin ich überzeugt. Von einer großartigen Party kann man aber wohl kaum sprechen."

„Ja, ich weiß."

„Ich habe schon mir Gregor gesprochen. Wir wollen noch in die *West-Bar*."

Die *West-Bar* ist so etwas wie eine Institution in Hamburg. Wenn es auch noch so viele Partys an einem Abend gibt, irgendwann kommen alle in die *West-Bar* auf einen Absacker oder auf der Suche nach jemandem, der diesen Absacker mit einem trinkt und danach mit nach Hause kommt.

„Ich weiß nicht, können wir denn einfach so abhauen?"

„Soll diese Party dein erstes Erlebnis im Neuen Jahr werden?"

Ich sehe hinein. Jonas sitzt neben seinem Normen auf der Couch und hält Händchen. Gregor sitzt daneben und scheint sich nach intellektuellen Gesprächen abseits von guten Vorsätzen für das nächste Jahr zu sehnen, und die anderen stehen mit den Händen in den Hosentaschen um den Tisch herum und nippen an ihren Sektgläsern, um überhaupt etwas zu tun zu haben.

„Wann wollen wir los?"

„Das Taxi ist in zehn Minuten da."

„Ihr habt schon ein Taxi bestellt?"

„Sei doch froh, dass wir an Silvester überhaupt eins bekommen haben."

„Schon gut, ich sage mal Jonas Bescheid."

Wenig später sitzen wir im Taxi und fahren in Richtung *West-Bar*. Christian, Gregor und ich. Wie üblich der harte Kern. Vor ein paar Jahren haben wir auf einer Party das Gerücht in die Welt gesetzt, dass wir alle Brüder sind, und noch heute kann es passieren, dass mich jemand fragt, wie es denn meinen beiden schwulen Brüdern geht.

„Schätzchen, was hat Jonas eigentlich gesagt?"

„Ach, ein bisschen enttäuscht war er schon, aber er meinte, als Single wäre er wahrscheinlich auch noch losgezogen.

Außerdem bin ich ihm irgendwann einen Gefallen schuldig."

„Na ja, und Single sind wir ja nun mittlerweile alle drei, meine Lieben."

Christian hat recht. Die drei Brüder sind alle Singles.

Laut johlend biegen wir in die Paulusstraße ein, in der sich die *West-Bar* befindet. Zumindest Christian und ich johlen, Gregor bezahlt mit hochgezogener Augenbraue den Taxifahrer, der uns beim Aussteigen einen schönen Abend wünscht, und kurz danach stehen wir alle mit einem Bier an der Theke.

Überall, wo man hinhört: Frohes Neues. Frohes Neues. Frohes Neues.

Und sie haben alle recht. Ein frohes Neues Jahr hat angefangen und ich fühle mich so ausgelassen wie schon lange nicht mehr.

„Frohes Neues, Steffen."

Olaf nimmt mich in die Arme und gibt mir einen Kuss auf die Wange.

„He, Olaf, dir auch."

„Danke, danke. Gut reingerutscht?"

„Na ja, nicht gut genug, deswegen stehen wir ja hier."

„Geht mir auch so. Und, schon einen neuen Freund?"

„Nein, aber der Abend ist ja noch jung."

„Spinner! Na, du wirst sicher nicht lang allein bleiben."

„Meinst du?"

„Na klar."

„Und du?"

„Bei mir ist das was anderes."

Olaf ist seit Ewigkeiten Single. Das sagt er zumindest. Er ist Ende dreißig und wir haben uns vor etwa einem halben Jahr hier in der *West-Bar* kennengelernt. Kurz nach meiner Trennung von Andreas. Olaf hatte mir einen Tequila nach dem anderen ausgegeben und mir eingebläut, dass ich darüber hinwegkomme. Nebenbei wollte er natürlich auch mit mir ins Bett, aber nachdem ich mich auf dem Klo übergeben hatte, hielt ich es für besser, mich schnellsten zu verabschieden. Aber seitdem haben wir einen lockeren Flirt miteinander. Ich mag ihn, auch wenn ich seine Lebensmoral manchmal recht merkwürdig finde. Olaf ist wohl das, was man als überzeugten Single bezeichnen würde. Allein und das ist gut so. Ob es nun stimmt oder nicht, es scheint ihm damit wirklich gut zu gehen. Kann das sein? Gibt es Menschen, für die das Singledasein auf Dauer wirklich der bessere Weg ist?

„Gummibärchen?"

Ein junger Mann mit freiem Oberkörper geht an mir vorbei und verteilt Gummibärchen auf einem silbernen Tablett. Ich liebe diesen Laden.

Ich nehme mir ein rotes Gummibärchen und überlege. Im Tierreich gibt es beide Varianten. Papageien zum Beispiel bleiben ihr Leben lang mit ein und demselben Partner zusammen. Leoparden dagegen streifen ihr ganzes Leben allein durch die Steppe und paaren sich nur einmal im Jahr mit einem Artgenossen, der ihnen zufällig über den Weg läuft. Aber sind Leoparden deswegen unglücklicher als Papageien? Wohl kaum. Vielleicht sollte man vor der Frage, ob jemand Single oder bereits vergeben ist, eher die Frage stellen, bist du ein Papagei oder ein Leopard.

„Na, dann viel Erfolg, mein Kleiner."

„Danke."

Olaf gibt mir einen zweiten Wangenkuss und ich fühle seinen kratzigen Drei-Tage-Bart auf meiner Haut. Schön. Überhaupt ist er sehr sexy. Eine Glatze zu einem sportlichen Körper, das passt wunderbar zusammen. Aber trotzdem müsste ich an seiner Seite ständig Angst davor haben, gefressen zu werden.

Mittlerweile ist es halb sechs und langsam, aber sicher leert sich die *West-Bar*. Ich dagegen könnte noch Stunden lang weitermachen, und wenn ich mir Christian und Gregor auf der Tanzfläche anschaue, bin ich nicht der Einzige. Ich genieße diese Nacht in vollen Zügen. Christian tanzt auf mich zu.

„Juhu, Schätzchen, wir wollen noch in die Sauna. Kommst du mit?"

„Jetzt?"

„Na, wann denn sonst?"

Direkt neben der *West-Bar* ist die *Vegas-Sauna*, ein Treffpunkt für Schwule und ihre zu kurz gekommene Libido. Ich war ein paar Mal nach der Trennung von Andreas dort, weil sich der Körper ja nicht so holterdiepolter auf absoluten Sexentzug einstellen kann. Allerdings ist das Ganze mit zwanzig Euro Eintritt eine relativ teure Therapie. Sex sells, aber Sex kostet eben auch.

„Ach, warum nicht?"

„Na, also."

Ich finde, bis ich Mister X gefunden habe, spricht nichts dagegen, heute Abend als Leopard unterwegs zu sein und ein bisschen unverbindlichen Sex zu genießen. Außerdem kann es nach den letzten zwei Malen mit Thorsten und dem Typen aus dem *Nevermind* ja nur besser werden. Für einen kurzen Moment verspüre ich einen ziemlich starken Juckreiz im Intimbereich.

Wir holen unsere Jacken und verlassen die *West-Bar*. Die Luft draußen riecht nach verbranntem Feuerwerk und weißer Rauch zieht durch die Paulusstraße.

„Wo bleibt denn Gregor?", frage ich Christian und drehe mich um.

„Ach, der kommt vielleicht später nach."

„Warum das denn?"

„Hat eben bei den Jacken irgendwen kennengelernt, so einen Brillenträger aus Berlin, auch Chemiestudent."

„O Gott, dann dauert das ewig. Na ja, dann gehen wir eben zu zweit."

„Natürlich“, lächelt Christian und hakt sich bei mir ein.

Wir ziehen die Tür zur *Vegas-Sauna* auf und schon strömt uns eine Mischung aus Wasserdampf, Minze und Sex entgegen. Die Tür fällt ins Schloss und wir stellen uns an die Kasse, die so aussieht wie in der Landeszentralbank. Hinter dickem Glas steht ein Junge, der höchstens achtzehn Jahre alt ist und uns mit müden Augen ansieht. Es ist unheimlich leise, und auch Christian und ich bewegen uns plötzlich langsam und sprechen mit gedämpften Stimmen, als ob man zu spät zu einer Theatervorstellung kommen würde.

„Ein Mal, bitte.“

„Zweiundzwanzig Euro.“

Meine Güte, selbst hier haben sie die Preise erhöht. Aber wer will Silvester schon kleinlich sein? Also gebe ich dem Jungen hinter der Scheibe, der einen ziemlich starken osteuropäischen Akzent hat, sein Geld und bekomme im Gegenzug einen Schlüssel zu einem Schrank und ein blaues Handtuch.

Christian und ich gehen die Treppen hinunter. Je weiter wir kommen, desto lauter wird die Housemusik, die in der *Vegas-Sauna* ohne Unterlass gespielt wird. Na ja, romantische Balladen wären wohl auch relativ unangebracht.

„Einundfünfzig. Hier. Welche Nummer hast du?“, fragt Christian.

„Fünfzig. Direkt neben dir.“

Wir öffnen unsere Schränke, ziehen uns aus und verstauen unsere Klamotten. Mir fällt auf, dass wir uns noch nie nackt gesehen haben, aber es ist in der Tat wie unter Brüdern. Man guckt zwar hin, aber mit dem erotischen Flair einer medizinischen Routineuntersuchung.

Wir schließen unsere Schränke ab, befestigen die Schlüsselbänder an den Handgelenken und gehen mit unseren Handtüchern, die wir uns mittlerweile um die Hüften gewickelt haben, in den Saunabereich.

„Also, ich möchte erst mal in die finnische Sauna nach oben. Kommst du mit?“, frage ich Christian.

„Nein, Schätzchen, ich guck mal, was hier unten so passiert.“

„Gut. Bis dann.“

„Warte.“ Christian hält mich am Arm fest.

„Was ist?“

„Am besten, wir verabschieden uns schon mal, wahrscheinlich sehen wir uns ja nicht mehr.“

„Das stimmt. Also, viel Spaß und immer vorsichtig sein.“

„Immer doch. Dir auch viel Vergnügen, Schätzchen.“

Christian gibt mir einen Kuss auf die Wange, zwinkert mir zu und verschwindet hinter der nächsten Ecke.

Ich gehe die Treppe nach oben und zwei Männer kommen mir Hand in Hand entgegen. Während wir uns auf der engen Wendeltreppe aneinander vorbeizwängen, berührt mich der Hintere wie zufällig am Arm und streichelt kurz über meine Haut. Ich drehe mich zu ihm um, aber er unterhält sich weiter mit dem Mann an seiner Hand und sieht mich nicht an. Das war wahrscheinlich ein Reflex von ihm, wie er in diesem Etablissement üblich ist.

Im Obergeschoss führt ein langer Gang zu der finnischen Sauna. Links und rechts gibt es Türen, hinter denen sich Kabinen befinden, in die man sich entweder allein oder auch zu zweit zurückziehen kann. Auch hier ist es geradezu unheimlich leise. Nur die Bässe der Housemusik von unten sind schwach zu hören.

Ich gehe allein den Flur hinunter. Niemand ist zu sehen. Komisch, sonst war es immer rappelvoll. Na ja, es dürfte mittlerweile auch schon sechs Uhr sein.

Am Ende des Ganges führt eine Glastür in den Wellnessbereich der oberen Etage. Ich drücke sie auf und betrete den Vorraum. Hier stehen ein paar Liegen neben einigen Palmen und einem Fernseher. Auf einer der Liegen schläft jemand tief und fest. Na, fürs Schlafen hab ich die zweiundzwanzig Euro jedenfalls nicht bezahlt. Die finnische Sauna ist im Raum nebenan. Niemand ist drin. Egal, ein bisschen schwitzen tut mir vielleicht erst mal ganz gut.

Meine Güte, ist das heiß. Nach ein paar Minuten ist es fast schon unerträglich. Sonst kann ich das doch ganz gut vertragen, aber in der Regel habe ich im Vorfeld nicht Unmengen von Alkohol in mich reingeschüttet. Mir fällt ein, dass es kreislauftechnisch womöglich ohnehin nicht so gesund ist, alkoholisiert und nach hohem Zigarettenkonsum in eine Sauna zu gehen. Wenn ich jetzt umfalle, findet mich doch kein Mensch. Niemand ist hier oben, mal abgesehen von dem schlafenden Mann auf der Liege, und wer weiß, wie lange der da eigentlich schon schläft. Hitzetod in einer Schwulensauna. Das kann ich meiner Mutter nicht antun.

Also, raus hier. Ein bisschen schwindelig ist mir schon, aber nach der obligatorischen kalten Dusche geht es wieder besser. Jetzt fühle ich mich eigentlich ganz gut. Jedenfalls gut genug, um den zweiundzwanzig Euro endlich ihren Sinn zu geben.

Ich gehe an dem schlafenden Mann vorbei, den Gang entlang und die Treppe hinunter. Die Musik ist wieder lauter zu hören und überhaupt ist hier unten wesentlich mehr los. Es ist schon komisch, wie all die Männer mit den gleichen blauen Handtüchern durch die Gegend laufen. In diesem schummrigen Licht sehen wirklich alle gleich aus. Ich beschließe, mich ein wenig umzuschauen. Seltsam, meine Schritte haben sich dem Takt der Musik angepasst. Ich komme mir vor wie auf einem Laufsteg. Alle Männer, die sich links von mir in dem riesigen Whirlpool zusammengefunden haben, starren mich an, als ich an ihnen vorbeigehe. Überall stehen, sitzen oder liegen Männer mit ihren blauen Handtüchern und sehen mich an. Ich fühle mich fantastisch und fahre mir durch das nasse Haar, so erotisch wie möglich natürlich. Dass es nicht um mich persönlich geht, sondern um das Schild über meinen Kopf, auf dem „Frischfleisch um halb sieben" steht, stört mich nicht im geringsten. Möglichst unbeeindruckt gehe ich weiter und stehe kurze Zeit später vor der Dampfsauna. An den vielen Handtüchern, die an den Haken hängen, ist zu sehen, dass da drin ziemlich viel los sein muss.

An der Tür ist ein Schild angebracht, *Handtücher bitte draußen lassen.* Das versteht sich doch von selbst. Außerdem sind Hunde wahrscheinlich anzuleinen, bitte nicht mit Rollschuhen in die Sauna und auf keinen Fall Eis essen.

Ich hänge mein Handtuch an einen noch freien Haken und ziehe die Tür auf. Es ist nicht so heiß wie in der Sauna oben, aber dafür kann man durch den Dampf so gut wie gar nichts sehen. Vorsichtig gehe ich vorwärts, die Hände nach vorne ausgestreckt, weil hier unzählige harte, geflieste Mauern sind. Ich taste mich an einer Wand entlang und entscheide mich an einer Gabelung für den rechten Weg. Es ist wie das Spiel, das früher in meinen Malheften war. Mit einem Stift bewaffnet musste man einer Maus in einem Labyrinth den richtigen Weg zum Ausgang malen. An der nächsten Kreuzung entscheide ich mich für den linken Weg. Wo ist bloß der Käse?

Langsam haben sich meine Augen an das schummrige Licht gewöhnt und ich kann einige Umrisse erkennen. Vor mir ist ein Spalt in einer Wand. Ich zwänge mich hindurch. Mein Gott, ist dieser Spalt ein Gewichtsselektionsverfahren? Plötzlich berührt mich jemand am Rücken. Ich bleibe stehen. Die Hand wandert langsam über meinen Körper. Sie ist behutsam, warm und auffällig weich. Eine zweite Hand kommt dazu. Also entweder benutzt dieser Typ seine geschmeidig machende Handcreme nur einseitig oder die zweite Hand gehört zu jemand anderem. Sie fühlt sich rau an und greift fast zu fest zu. Ich drehe mich um. Zwei Männer stehen vor mir. Sie sind etwas kleiner als ich. Ich führe meine Hand zu dem Rechten von beiden. Sein ganzer Körper fühlt sich so weich wie die Hand an. Er ist schlank und überall rasiert. Ich wende mich nach links. Der Körper der rauen Hand ist ziemlich muskulös. Er hat eine starke Brustbehaarung und trägt eine Kette um den Hals. Ich küsse ihn, während die weiche Hand weiter meinen Nacken streichelt. Hier stehen wir. Drei Männer. Drei Körper. Man kann die Gesichter nicht erkennen, keine Augen sehen, kein Lächeln, keine Haarfarbe. Nur die Körper sind da. Die Hände, der Mund, der feuchte Atem.

Ich stehe unter der Dusche und das warme Wasser läuft mir über das Gesicht. Ich fühle meinen Puls und stelle fest, dass ich mich dringend hinsetzen sollte. Langsam gehe ich den Gang zurück zu den Schränken und setze mich davor auf eine Bank. Ach, was soll's, ich rauche eine Zigarette. Darauf kommt es jetzt auch nicht mehr an.

Ich schließe gerade meinen Schrank auf, als mich ein Mann mit knallrotem Kopf anspricht.

„Darf ich mal?"

„Ja, sicher."

Das waren bei ihm wohl mindestens zwei Saunagänge zuviel. Moment mal. Der schließt ja Christians Schrank auf. Christian ist also schon nach Hause gegangen. Dann werde ich jetzt in aller Ruhe diese Zigarette rauchen und mich danach ebenfalls auf den Heimweg machen.

Ich sitze auf der Holzbank neben den Schränken und drücke die Zigarette in einem silbernen Standaschenbecher aus, als jemand hinter den Schränken auftaucht. Ein großer, südländischer Typ mit einem riesigen Bizeps geht an mir vorbei, lächelt mich an und verschwindet im hinteren Bereich. Ich überlege nicht lange, schließlich habe ich zweiundzwanzig Euro bezahlt, die wollen ja auch ausgekostet werden. Schnell gehe ich zurück in Richtung Dampfsauna. Von dem Typen ist nichts zu sehen, vielleicht ist er schon drin. Immer noch hängen viele blaue Handtücher vor der Dampfsauna und warten auf ihre Herrchen.

Ich ziehe die Tür auf und gehe hinein. Hoffentlich kippe ich nicht um. Morgen halte ich mich wahrscheinlich selber für völlig verrückt, dass ich meinem Kreislauf so etwas zumute, aber jetzt bin ich hier und heute ist heute. Ob der Bizepsmann hier irgendwo rumläuft? Dieses Mal entscheide ich mich an der ersten Gabelung für den anderen Weg. Vielleicht sollte ich sicherheitshalber Brotkrumen ausstreuen. Da. Ein ziemlich großer Mann steht plötzlich vor mir. Das könnte er sein. Ich berühre seine Arme. Fehlanzeige. Anstatt eines muskulösen Oberarms hat dieser Typ nur einen furchtbaren Mundgeruch. Schnell weiter. Hinter der nächsten Ecke findet eine Rudelbildung statt. Fünf oder sechs Männer stehen dicht gedrängt aneinander. Sie atmen schwer und jemand flüstert.

Ich stelle mich dazu und schon greift jemand meine Hand und zieht mich zu sich. Der Muskelmann ist es, glaube ich, nicht, aber trotzdem fühlt er sich unglaublich gut an. Ich fahre mit der Hand an seinen Nacken, seine Haare sind kurz rasiert. Seine Schultern sind stark und seine Haut fühlt sich glatt an. Wir küssen uns und dabei zieht er mich ganz nah an sich heran. Plötzlich bin ich wie zu neuem Leben erweckt. Ich drücke mich fest an seinen Körper, während der Kuss immer wilder wird. Es ist unheimlich schön, er fühlt sich wahnsinnig gut an. Ich will diesen Mann und er will mich auch.

„Wollen wir in eine Kabine gehen?“

Ein eisiger Schauer überkommt mich plötzlich und ich stehe wie versteinert da. Kann das sein? Nein. Unmöglich. Außerdem hat er nur geflüstert, ich muss mich getäuscht haben.

Er nimmt meine Hand und zieht mich von den anderen weg. Während wir langsam in Richtung Ausgang gehen, fahre ich mit meinem Daumen vorsichtig über seinen Handrücken und fange auf einmal an zu zittern. Ich zittere in einer Sauna.

Wie hypnotisiert folge ich ihm. Ganz ruhig führt er mich durch das dampfende Labyrinth. Ich möchte ihn loslassen, aber es geht nicht. Ich kann nicht denken. Vorne sehe ich die Tür und das fahle Licht von draußen schimmert schwach durch das Glas. Noch zwei Meter. Er hält weiter meine Hand fest in seiner. Noch einen Meter, nur noch ein paar Schritte bis zur Tür. Ich bleibe stehen, entwinde meine Hand aus seinem Griff, führe sie zu seiner Schulter und drehe ihn um. Er sieht mich an.

Es ist wie ein Schlag in die Magengrube. Das Licht reicht aus, um seine Augen zu erkennen. Augen, in die ich über zwei Jahre lang geschaut habe. Diese Augen kenne ich, und diese Augen wissen viel zu viel über mich. Wieder kann ich mich nicht bewegen und stehe einfach nur da. Kein Geräusch. Andreas sagt nichts, auch er ist wie gelähmt. So stehen wir uns gegenüber und die Zeit spielt verrückt. So viel Vergangenheit, so wenig Zukunft und doch so viel Bedeutung im Hier und Jetzt.

Ich weiß nicht mehr wie, aber plötzlich habe ich mich umgedreht und bin zurück in die Sauna gelaufen und sitze nun auf einer gefliesten Bank. Nur noch ein bisschen warten, dann kann ich raus. Männer gehen an mir vorbei, einer setzt sich sogar neben mich auf die Bank, aber ich stoße seine Hand ziemlich rabiat von meinem Bein. Nach einer Weile stehe ich auf, um mich gleich wieder hinzusetzen. Mir ist schlecht. Noch mal, ganz langsam. Schritt für Schritt bewege ich mich vorwärts und halte mich dabei an der Wand fest. Gleich geschafft. Gleich bin ich zu Hause, kann mich in mein Bett legen, und wer weiß, vielleicht halte ich das Ganze morgen nur für einen bösen Traum.

Kapitel 6

Fehlanzeige. Meine Verdrängungsmechanismen funktionieren leider nicht so gut, wie ich erhofft habe. Allerdings habe ich in dieser Nacht auch kaum geschlafen. Zum einen wegen der unglaublichen Begegnung in der Sauna, zum anderen bin ich alle halbe Stunde vor Durst aufgewacht. Kein Wunder nach diesem Schwitzmarathon. Wahrscheinlich wäre ein Tropf die bessere Alternative für meinen Flüssigkeitshaushalt gewesen.

Die kalte Winterluft weht mir ins Gesicht. Ich bin auf dem Weg zur Tankstelle, weil ich zwar ein Feuerzeug neben dem Telefon, aber meine Zigaretten nicht gefunden habe. Es hat wieder angefangen zu schneien. Ich bleibe stehen und sehe nach oben zu den Schneeflocken, die zur Erde heruntertanzen. Inzwischen ist es sechszehn Uhr und langsam wird es schon wieder dunkel. Mir fällt eine der tanzenden Schneeflocken direkt ins Auge. Als ich mit meinem Zeigefinger über das Lid reibe, sehe ich Andreas vor mir, sehe seinen erschrockenen Blick von gestern Nacht, fühle seine Hand fast wirklich auf meiner Haut. Es war wie eine Begegnung der dritten Art, nur mit jemandem, den man kennt.

Warum ist es bloß so kompliziert geworden? Warum verlernt man es, mit einem Menschen zu sprechen, dem man vor kurzem noch alles erzählen konnte? Er war mir so nah wie noch nie jemand zuvor und jetzt ist er weiter weg als alle anderen.

Was ist hier passiert, während ich Weihachten bei meinen Eltern war? Andreas muss sich von dem herzlosen Pferdegebiss getrennt haben, es muss so sein, sonst würde er nicht in die *Vegas-Sauna* gehen. Nein. Andreas hat mir mal gesagt, nur weil schwule Etablissements dazu einladen, eine offene Beziehung zu führen, müsse man da noch lange nicht mitmachen. Treue sei für ihn kein altmodisches Relikt, sondern das Fundament einer glücklichen Beziehung. Dieses Gespräch fand relativ am Anfang unserer Beziehung statt und war so etwas wie ein offizielles Treueversprechen. Andreas hat strenge Prinzipien. Fremdgehen? Nein, das würde er nicht machen. Niemals. Er ist also wieder allein.

Und ich? Plötzlich sind all die Gedanken an ihn wieder da, die kurzfristig gewonnene Eigenständigkeit spurlos verschwunden, die Situation eine völlig andere. Andreas ist wieder Single, hat wieder eine seiner Wochenbeziehungen beendet. Wie damals. Wie vor meiner Zeit. Und das Schlimmste daran ist, dass ich so verdammt froh darüber bin, das Schlimmste ist, dass sich auf einmal eine Hoffnung in mir breitmacht, ohne mich gefragt zu haben. Die schreckliche Hoffnung, wieder mit Andreas zusammensein zu können.

Der zweite Januar. Ich bin um acht Uhr aufgestanden, warum, weiß ich auch nicht genau, aber ich bin förmlich aus dem Bett gesprungen und habe angefangen, die Wohnung zu putzen. Es hat ganz harmlos begonnen. Da waren ein paar Flecken auf meiner Kaffeemaschine. Dann kamen der Staubsauger, die fettlösenden Putzmittel und die Scheuermilch hinzu und jetzt erstrahlt meine komplette Wohnung in neuem Glanz. Wenn Verdrängung zu einer sauberen Wohnung führt, kann ich damit leben.

Etwas erschöpft setze ich mich mit einem Kaffee aus der sauberen Maschine und der sage und schreibe ersten Zigarette des Tages auf mein frisch bezogenes Bett. Draußen scheint die Sonne und durch den reflektierenden Schnee fällt ein helles, gleißendes Licht in meine Wohnung. Eigentlich hätten die Fenster auch eine Grundreinigung nötig, aber irgendwann ist mal Schluss. Ich drücke gerade die Zigarette aus, als das Telefon klingelt.

„Auerbach."

„Guten Tag, Herr Auerbach, Susanne Luschnick, Agentur FAFY. Wir würden Sie gern zu einem Casting einladen. Es geht um einen Werbespot für dic Deutsche Bahn."

„Aha."

Ein Werbespot. Habe ich dafür ein Studium der darstellenden Kunst absolviert? Ich sage ja, die Branchen vermischen sich, aber warum nicht. Frau Luschnick gibt mir die üblichen Informationen und morgen habe ich also ein Casting für das neue Gesicht der Deutschen Bundesbahn. Dreitausend Euro Gage. Das wäre meine Rettung, aber mich darauf zu verlassen, mein Untergang. Ich hatte lange mit mir gehadert, aber mich dann doch dazu durchgerungen, heute morgen zwischen dem Schrubben der Badewanne und dem Putzen des Waschbeckens bei meinem ehemaligen Arbeitgeber, dem Call-Center, anzurufen. Nächste Woche geht es los. Eine Studie für die Landtagswahl in Hessen, die bald ansteht, sieben Euro pro Stunde. Bis ich da auf dreitausend Euro komme, bin ich allerdings eher für die Werbung von Harndragees geeignet.

Es ist zehn Minuten vor acht. Ich stehe mit meinem alten Ausweis von der Schauspielschule an der Kasse des Hamburger Schauspielhauses und hoffe, dass die ältere Dame das längst abgelaufene Gültigkeitsdatum nicht bemerkt. Ich habe Glück und somit satte zehn Euro gespart. Da meine Wohnung gegen Nachmittag absolut lupenrein war und auch die Fenster doch noch ihre Reinigung bekommen haben, habe ich am frühen Abend beschlossen, ins Theater zu gehen. Zum einen, weil ich das schon ewig nicht mehr gemacht habe, zum anderen, weil die extrastarke Reinigungsmilch zwar die Kalkreste im Bad, aber nicht die Gedanken an Andreas beseitigen konnte.

Ich habe zu große Angst vor dieser Hoffnung, die immer stärker wird und sich kaum mehr wegschieben lässt. Immer wieder denke ich an vorgestern Nacht, fühle seinen Körper, seine Hand auf meinem Rücken. Was er wohl denkt?

Ich weiß es jetzt besser, weiß, dass ich damals viel falsch gemacht habe, dass ich mich nur aus Angst vor mir selbst von ihm getrennt habe.

Das Theater ist traumhaft. Überall hängen große Bilder von vergangenen Vorstellungen. Alles ist in roten und goldenen Farben eingerichtet und glänzt so sehr, dass ich nicht nur vor den großen Schauspielern auf den Fotos, sondern auch vor dem Reinigungspersonal einen gewaltigen Respekt habe. Ein Gong ertönt, es geht los. Ich gehe zwei Treppen zum zweiten Rang hinauf, zwar nicht die besten Plätze, aber nach dem gesparten Geld will ich mich nicht beschweren.

Der Vorhang öffnet sich. Dieser Moment ist magisch, er öffnet das Tor zu einer fremden Welt, in die man eingeladen wird, und eine andere Welt ist momentan genau das Richtige. Ich lehne mich zurück und schaue gebannt auf die Bühne.

Es ist eine fantastische Inszenierung von *Kabale und Liebe*. Den Ferdinand möchte ich auch mal spielen, so tolle Monologe, so ein großer innerlicher Konflikt. Zufrieden drängele ich mich mit den anderen Leuten aus dem Theatersaal in Richtung Vorhalle. Es ist Pause und nach den ersten anderthalb Stunden habe ich mir eine Zigarette mehr als verdient. Ich gehe an der Sektbar vorbei zu den stilvollen Aschenbechern an der gegenüberliegenden Wand, als mein Magen sich plötzlich zusammenzieht.

Ich stehe mitten in einem mit Menschen gefüllten Raum und trotzdem ist es auf einmal ganz still.

Ich glaube nicht, dass sie mich gesehen haben. Meine Gedanken rasen, aber ich bekomme sie in keine sinnvolle Reihenfolge. Ich stehe hinter einer Säule und beobachte, wie sie durch ein großes Fenster auf die Straße schauen. Da drüben stehen sie, vielleicht zehn Meter von mir entfernt, genau da, wo wir vor einem Jahr standen, als wir hier den *Zerbrochenen Krug* gesehen haben.

„Du bist blass, Luise“, sagt Ferdinand. „Du bist scheintot, Steffen“, wäre bei mir zum jetzigen Zeitpunkt wohl die treffendere Diagnose.

Da drüben stehen Andreas und das herzlose Pferdegebiss nebeneinander. Sie unterhalten sich, lachen und trinken Sekt. Beide tragen dunkelblaue Hemden und sie sehen nicht nur gut aus, sondern noch mehr. Glücklich. Sie sehen einfach glücklich aus.

Ich glaube, ich muss kotzen.

Die Lichter der Stadt ziehen am Fenster vorbei. In der Bahn nach Hause werde ich langsam ruhiger. Wie das Stück ausgeht, weiß ich zum Glück, sonst hätte ich mich noch mehr geärgert, aber ich konnte unmöglich wieder reingehen und mir zusammen mit Andreas und Tim das tragische Ende einer Liebesgeschichte ansehen. Wie hypnotisiert starre ich aus dem Fenster in die Nacht hinaus.

Ich kann es immer noch nicht fassen. Ich sehe die beiden immer noch da stehen. Andreas und Tim.

Ich muss mich zwingen, daran festzuhalten, dass es wirklich Andreas war, den ich vorgestern in der Sauna getroffen habe, und nicht nur eine Ausgeburt meiner alkoholisierten Fantasie. Aber er war es, es besteht kein Zweifel.

Sie sind noch zusammen. Immer noch zusammen.

Und jetzt? Alles ist auf einmal durcheinander; alle Erinnerungen laufen wie eine riesige Bildercollage in meinem Kopf ab.

Du denkst, du kennst einen Menschen. Nach zwei Jahren ist man davon überzeugt, dass man den Menschen, mit dem man diese Zeit verbracht hat, wirklich kennt. Der Tod seines Großvaters, der ihm so nahe stand, die Filme, bei denen er jedes Mal weinen muss, die erste halbe Stunde am Morgen, in der man ihn besser nicht ansprechen sollte, die Treue, die er in einer Beziehung als die wichtigste Voraussetzung betrachtet.

Und plötzlich stellt man fest, dass man nichts über diesen Menschen weiß, dass alles falsch war, und über zwei Jahre Beziehung fallen wie im Zeitraffer zu einem fünfminütigen Smalltalk zusammen.

Ich fühle mich so verraten. Ich fühle mich unglaublich dumm. Wie konnte ich mich zwei Jahre nur so täuschen lassen? Wie konnte ich über zwei Jahre mit diesem Mann zusammensein, ohne ihn wirklich zu kennen?

Ich hatte immer das Gefühl, dass ich der Böse war. Die Trennung ging von mir aus, den schwierigen Beruf hatte ich, das letzte Wort wollte ich immer haben. Niemals hätte ich auch nur einen Gedanken daran verschwendet. Hat er mich die ganzen zwei Jahre betrogen? Ist er, als er sagte, er bleibt heute Abend lieber zu Hause, in die *Vegas-Sauna* gegangen? Warum sollte er erst bei Tim damit angefangen haben? Unter diesen Umständen kann ich Tim nicht mehr herzloses Pferdegebiss nennen. Er tut mir leid.

Er ist ein Opfer des gleichen Täters.

Als ich aussteige, wird mir auf einmal etwas klar. Wenn man so verletzt wird, sei es auch im Nachhinein, ist es nur logisch, dass man sich nie wieder einem anderen Menschen öffnen will. Vielleicht kann man es auch gar nicht mehr. Ich habe so einen emotionalen Panzer nie richtig verstanden. Bis jetzt.

Seit Stunden liege ich wach und starre an die Zimmerdecke. Diese Nacht nimmt und nimmt kein Ende für mich. So viel Enttäuschung, soviel Wut und soviel falsche Schuld. Meine Gefühle wissen nicht, wohin. Sie wollen sich ändern, können es aber nicht schnell genug und geraten so völlig außer Kontrolle. Andreas war doch der Eine für mich. Er war der Eine.

Ich weiß, eines Tages wäre ich über die Sache mit Tim hinweggekommen, vielleicht hätte es noch lange gedauert, aber ich hätte es geschafft. Ich hätte mich auch daran gewöhnt, alleine zu sein. Ich hätte Andreas loslassen können. Vielleicht hätte ich bald einen neuen Freund gehabt, den ich hätte lieben können. Vielleicht wären Andreas und ich irgendwann auch wirklich befreundet gewesen und selbst wenn nicht, er wäre mein Andreas geblieben. Doch heute Abend hat er mir etwas genommen, von dem ich sicher war, dass es immer zu mir gehören, dass es mich für den Rest meines Lebens begleiten würde. Er hat mir meine Erinnerung an ihn genommen, meine Vergangenheit mit ihm in einem winzigen Augenblick zu einer einzige Lüge werden lassen, und das ist unerträglicher als alles andere zuvor.

Zum Glück. Es ist nicht so schlimm, wie ich befürchtet hatte. Nach der kurzen Nacht sehen meine Augen noch relativ frisch aus. Es ist kurz nach zehn; um elf Uhr habe ich das Casting für die Bahn. Ich muss mich zusammenreißen, wenigstens für dieses Casting.

Immer noch liegt Hamburg unter einer dicken Schneedecke. Die eisige Luft weht mir ins Gesicht und meine Nase läuft. Großartig. Ich habe natürlich kein Taschentuch dabei. Warum schaue ich eigentlich nach? Ich kann mich nicht erinnern, jemals eine Packung Taschentücher in meiner Jacke gehabt zu haben.

Die Agentur FAFY liegt in einem großen Gebäude an der Innenalster. Ich suche nach dem richtigen Klingelschild, als die Tür aufgeht. Ein junger Mann im Anzug kommt mir entgegen. Den frage ich mal nach dem Weg.

„Hallo, entschuldige?"

„Ja?"

„Kannst du mir sagen, in welchem Stock FAFY ist."

„Dritter."

Meine Güte, doch nicht ganz so freundlich bitte. Der kommt wahrscheinlich gerade von dem Casting und sieht in mir einen Konkurrenten. Hätte ich mir denn auch einen Anzug anziehen sollen? Aber es ist wie mit den Taschentüchern, ich habe schließlich keinen, nur ein paar Hemden.

Ich habe die Abneigung gegen Anzüge aus der Pubertät mit in meine Zwanziger geschleppt, zum Leidwesen meiner Mutter. Auch Andreas hat immer gesagt, dass ... nein, stopp! Jetzt bloß nicht an ihn denken. Jetzt nicht.

Wie auch immer, ich gehe zum Casting und habe ja schließlich keine pinkfarbenen Schlaghosen an, sondern eine Jeans und unter meiner dicken Kapuzenjacke, einen hellblauen Pullover. Mir gefällt es.

Endlich komme ich in der dritten Etage an. Auf einer gläsernen Tür steht in großen, roten Buchstaben FAFY. Film Agency for You.

„Guten Tag, mein Name ist Steffen Auerbach."

„Einen Moment, junger Mann."

Das geht ja wieder mal gut los. Die aufgedonnerte Vorzimmerdame mit offensichtlichen Essstörungen sieht mich nicht einmal an.

„So, Sie sind wer?"

Tausende von sarkastischen Antworten schießen mir durch den Kopf, um ihr diese Unhöflichkeit in barer Münze heimzuzahlen.

„Steffen Auerbach."

Vielleicht bin ich einfach zu gut erzogen. Ich muss in diesem Jahr viel mehr Zeit mit Marie verbringen.

„Ach, ein bisschen spät, nicht?"

„Bitte? Mein Termin ist um elf Uhr, haben Sie mir gesagt."

„Ich habe Ihnen mit Sicherheit gar nichts gesagt."

„Ich meinte …"

„Schon gut, dann schieben wir Sie jetzt eben dazwischen. Den Gang runter, letzte Tür links."

Umdrehen, erste Tür geradeaus wäre mir in diesem Moment wesentlich lieber. Was muss ich mir hier eigentlich gefallen lassen? Egal, jetzt kann ich das auch noch hinter mich bringen. Ich gehe den Gang hinunter. An den Wänden sind die verschiedensten Plakatreklamen angebracht. Alle Leute darauf lächeln. Ich kann es jetzt schon hören: „Lächeln Sie doch mal in die Kamera, Herr Auerbach." Es gibt ja Menschen, die können ein bezauberndes und auch noch natürlich aussehendes Lächeln einfach so aus dem Hut zaubern. Ich leider nicht.

Egal. Noch mal tief einatmen und Tür auf.

„Komm doch rein."

„Danke. Ich bin Steffen Auerbach."

„Hallo, Steffen, wir sagen du, ja?"

„Gern."

„Ich bin Franka und leite dieses Projekt hier."

„Aha."

Franka hat das, was man hinlänglich als positive Ausstrahlung bezeichnet. Wonach andere mit Hilfe ominöser Bücher und Workshops vergeblich suchen, wurde ihr eindeutig in die Wiege gelegt. Sie ist höchstens ein Meter fünfzig groß, hat wilde, knallrote Haare und eine grün verzierte Brille in ihrem hellen Gesicht.

„Du weißt, worum es geht, Steffen?"
„Na ja, um die Bahn."
„Ja, genau. Es geht da um eine neue schnelle Verbindung zwischen Hamburg und Köln. Du bist ein Fahrgast, der aus dem Fenster sieht, für ein paar Sekunden die Augen schließt und dann schon in den Kölner Hauptbahnhof einfährt. Zum Schlafen keine Zeit, ziemlich pfiffig, was?"
„Ja. Muss ein schlauer Kopf gewesen sein."
„Der schlaue Kopf ist nur eben mal kurz austreten, kommt aber gleich wieder."
„Ach so, der ist hier mit dabei, oder wie?"
„Genau. Und übrigens, er heißt Bettina und macht die Public Relations für die Bahn."
„Ach so."
Das habe ich ja noch nie erlebt, dass der Auftraggeber selber beim Casting dabei ist. Ich weiß gar nicht, wie ich das finden soll, aber bevor ich mich entscheiden kann, geht die Tür auf.
Sie sieht mich an, geht aber direkt weiter zu einen Stuhl am anderen Ende des Raumes. Unmöglich. Ist sie das? Warum sagt sie denn nichts? Sie wird sich nicht mehr an mich erinnern. Ist sie das überhaupt wirklich?
„Hallo, ich bin Bettina Krog. Public Relations Leader der DB."
Kein Zweifel, sie ist es. Es ist die blonde Frau, die ich Silvester im Supermarkt an der Kasse getroffen habe. Jetzt werde ich nervös.
„So, Steffen, dann wollen wir mal. Stellst du dich bitte auf das kleine Kreuz da vorne."
Franka klemmt sich hinter ihre Kamera und stellt das Objektiv ein.
„Kamera läuft."
„Hallo, mein Name ist Steffen Auerbach, ich bin fünfundzwanzig und komme aus Hamburg. Ich habe mein Studi-

um vor zwei Jahren abgeschlossen und seitdem hauptsächlich Theater gespielt, aber …"

„Ach, du bist Schauspieler?"

„Was? Ach so, ja, ich bin Schauspieler. Also von Beruf."

Franka lacht. Natürlich. Wie ich es mir gedacht hatte, bei einem Casting für Werbung muss man besser dazu sagen, dass man gelernter Schauspieler ist, weil hier hauptsächlich Models vor die Kamera treten oder auch Laien. Werbung ist Typsache, und um einen schlafenden Mann in einem Zug zu spielen, braucht man nun wirklich kein Tschechow-Seminar.

„Gut, Steffen, dann dreh dich bitte mal ins Profil."

Schrecklich. Wie diese Bilder, die sie im Gefängnis machen.

„Dann die Hände in die Kamera."

Das machen sie im Knast allerdings nicht. Während ich meine Hände neben mein Gesicht halte, werfe ich einen kurzen Blick zu Bettina. Sie steht mit dem Rücken zu mir und sortiert irgendwelche Blätter. Na, hervorragend, sie hat keine Ahnung, wer ich bin.

„Alles klar, Steffen, dann vielen Dank, wir rufen Ende der Woche in jedem Fall an."

„Gut, danke. Tschüss."

„Tschüsschen."

„Auf Wiedersehen." Ich sage es absichtlich etwas lauter, aber es ist zwecklos. Bettina Krog dreht sich nicht um. Noch nicht einmal verabschiedet hat sie sich. Seltsam, neulich im Supermarkt hat sie so einen netten Eindruck gemacht, aber mit meiner Menschenkenntnis scheint es ja ohnehin nicht so weit her zu sein. Vielleicht war das Singlepack mit den Ravioli auch schlecht. Dann eben nicht. Ich gehe den Gang mit den lächelnden Werbegrimassen hinunter und komme wieder an der zickigen Vorzimmerdame vorbei, die gerade einen Müsliriegel isst. Mit Sicherheit ihre Hauptmahlzeit für heute. Und tschüss.

Jetzt kann ich nur warten. Entweder passt denen meine Nase oder nicht. Nun werde ich erst mal einen Kaffee trinken gehen.

„Pssst!"

Ich zucke erschrocken zusammen und drehe mich um. Vor mir steht Bettina Krog und lächelt mir ins Gesicht.

„Ja?", frage ich überrascht.

„Entschuldige, aber ich wollte nicht, dass die wissen, dass wir uns kennen."

„Verstehe."

„Hör mal, ich finde, du passt perfekt auf die Rolle."

Eine große Zahl erscheint vor meinem inneren Auge. 3000. Dreitausend Euro.

„Wirklich?"

„Ja, aber ich kann dir den Job leider nicht geben."

Na, bestens. Das wäre ja auch zu schön gewesen. Da habe ich schon mal einen Vitamin-B-Faktor und es kommt trotzdem nichts dabei heraus.

„Aha."

„Ja, tut mir leid."

„Warum eigentlich nicht?"

Es ist einfach aus mir herausgeplatzt. Warum. Was für eine erniedrigende Frage. Jetzt wird es auch noch peinlich.

„Ich kann niemandem einen Job geben, der bei mir verschuldet ist."

„Aha. Wie bitte?"

„Du schuldest mir noch Geld. Unter diesen Umständen kann ich dir den Job nicht geben."

Ich weiß gar nicht, was ich sagen soll. Ich ziehe mein Portemonnaie aus der Hosentasche, aber alles, was ich an Kleingeld finde, ist ein Zehn-Cent-Stück.

„Danke, das betrachte ich als Zinsen. Dann sieht das Ganze natürlich schon anders aus."

Kapitel 7

Da steht sie. Eine wunderschöne Zahl. 2344,75. Die dreitausend Euro sind endlich auf meinem Konto angekommen und damit bringen sie mich nicht nur aus einem Sollbetrag heraus, sondern katapultieren mich auch in ungeahnte finanzielle Höhen. Meinem Call-Center habe ich natürlich sofort nach Bettinas Zusage abgesagt. Was interessiert mich die Landtagswahl in Hessen?

Die Drehtage sind eine Woche her und waren wirklich prima, wenn auch anstrengend, weil vierzehn Stunden in einem Bahnsitz eher einer ewig gehaltenen Yogaposition nahe kommen. Aber ich will nicht meckern.

Ende März soll die Werbung dann bundesweit im Fernsehen anlaufen. Ich kann es gar nicht erwarten, bis mich der erste Unbekannte fragt, ob ich nicht der Typ aus der neuen Bahnwerbung bin. Wenn Kinderträume wahr werden. Hoffentlich erkennt man mich überhaupt, schließlich habe ich die meiste Zeit die Augen geschlossen.

Es ist Freitagabend und ich sitze mit einem Bauch voller Süßigkeiten vor dem Fernseher. Eigentlich wollte ich mir zur Feier des Tages nur eine Piccoloflasche Sekt kaufen, aber beflügelt durch das Gefühl, endlich reich zu sein, habe ich das halbe Süßwarenregal im Supermarkt leer geräumt.

Ich habe mir eine DVD ausgeliehen und werde jetzt dazu die Flasche Sekt öffnen. Vor dem Alkoholregal hatte ich beschlossen, dass die Piccolozeiten ab sofort vorbei sind. Nicht geizen, sondern klotzen ist das Motto.

Leider fällt das Aufstehen mit einem Mageninhalt von geschätzten zehn Tonnen Zucker alles andere als leicht. Es gibt nicht viele Menschen, die mich jemals so gesehen haben. Ungeduscht, mit nicht gemachten Haaren in meiner alten Baumwollshorts mit Snoopy darauf. Bei näherer Betrachtung sind das meine Eltern, mein Bruder, Marie und Andreas.

Was er wohl sagt, wenn er mich in der Werbung sieht? Ob er mich anruft? Als ich darüber nachdenke, frage ich mich, wie ich reagieren würde, falls er mich wirklich anrufen sollte. Einfach wieder auflegen, so tun, als ob nichts wäre, ihn fragen, wie er das alles mit seinem Gewissen vereinbaren kann? Wer er eigentlich ist? Ich habe keine Ahnung.

Die Drehtage und der unerwartete Geldsegen haben nichts daran geändert, dass mich die ganze Geschichte mit Andreas nach wie vor verfolgt. Eigentlich wird es eher schlimmer statt besser, weil sich die Fragen nicht wegschieben lassen.

Es ist, als ob unsere Geschichte im Nachhinein umgeschrieben worden wäre und ich diese neue Version nicht lesen könnte. Es gibt zu viele leere Seiten, zu viel verschlüsselte Botschaften, die sich nicht entziffern lassen. Alles, was ich wusste, ist übertüncht mit ausgelaufener Tinte.

Marie hat am Telefon gesagt, ich soll es gut sein lassen. Sie war ungewohnt ernst, fast wütend. Vielleicht weil ich ungewohnt ehrlich war, nichts runtergespielt habe.

Ihre Orakelweissagung scheint sich im Übrigen als komplette Fehldeutung erwiesen zu haben. Sie hat einen neuen Freund. Julian. Julian und Marie. Sie hat ihn Silvester kennengelernt, nachdem sich der Gastgeber als unreife Nullnummer mit einem Hang zur Schizophrenie entpuppt hatte. Als er ihr seine Sammlung mit den Überraschungseierfiguren zeigen wollte, nahm sie sich eine Sektflasche und verschwand ins Treppenhaus, wo sie, wie sie sagt, genau in Julians Arme gefallen ist. Julian war auf dem Weg zu einer Party in der Dachgeschosswohnung im selben Haus und schlug vor, sie als seine neue Freundin auszugeben. Und aus einer kleinen Notlüge ist innerhalb weniger Tage süßer Ernst geworden. Es ist seltsam, Marie mit einem festen Freund zu erleben, aber das geht ihr wahrscheinlich genau so.

Ich weiß, dass sie recht hat, dass ich die Sache mit Andreas endlich gut sein lassen sollte, aber so einfach ist das nicht. Nicht mehr. Ich hänge zu sehr drin, fast mehr denn je. Wie kann man mit seiner Vergangenheit abschließen, wenn sie mit der Gegenwart eine Affäre hat?

Und mein Mister X? Auch bei mir scheint das Orakel völlig versagt zu haben. Aber andererseits liegt das alte *Scotland-Yard*-Spiel im Moment auch verlassen und eingestaubt im Keller herum.

„Auerbach?"

„He, hier ist Jonas."

„Oh, hallo."

„Na, wie geht es dir, zukünftiger Werbestar?"

„Sam ist gerade gestorben."

„Oh, deine Katze, oder?"

„Katze?"

„Hast du überhaupt eine?"

„Eine Katze?"

„Wellensittich?"

„Was?"

„Oder Goldhamster?"

„Jonas, ich habe keine Haustiere."

„Ach so, ja, aber wer ist dann Sam?"

„Ich gucke gerade *Ghost*."

„*Ghost*?"

„*Nachricht von Sam.*"
„Der, der gestorben ist."
„Genau."
„Ist er seine Nachricht denn schon losgeworden?"
„Nein, er ist ja gerade erst gestorben."
„Wen will er dann noch benachrichtigen?"
„Jonas!"
„Ja?"
„Was willst du eigentlich?"
„Ich will, dass du mir das gleich ganz genau erklärst."
„Gleich?"
„Ja, im *Sloppy*."
„*Sloppy*?"
„Diese Bar, die vor ein paar Wochen eröffnet hat."

Stimmt. Ich erinnere mich. Das *Sloppy* ist eine Bar für eine bestimmte Klientel von Schwulen. Ziemlich links, möglichst unkonventionell, kein Kommerz, aber trotzdem oder gerade deswegen absolut angesagt. Gerne bezeichnen sich solche Schwulen auch mit dem Begriff *heterolike*. Mein persönliches Unwort des vorletzten Jahres. Für den Heterolike-Schwulen gilt folgendes Gesetz: Je mehr du dich wie ein Hetero-Mann verhältst, desto mehr wirst du begehrt. Sei es Kleidung, Bewegung, Sprache. Obwohl jeder weiß, dass du schwul bist, je weniger man es dir anmerkt, desto besser. Frei nach dem Motto: Wenn du schon nicht hetero bist, kannst du wenigstens so tun, als ob. Quasi die rosa Handtasche in grün.

„Na, kommst du nun mit?", fragt Jonas ungeduldig.
„Ach, ich glaube nicht."
„Na los."
„Nein, ich bin irgendwie ziemlich fertig und wollte heute mal zu Hause bleiben."
„Mit Sam?"
„Ja, genau, mit Sam."
„Du verbringst den Freitagabend also mit einem Toten."

„Wenn du so willst."
„Du weißt schon, dass du mir wegen der Silvesterparty noch einen Gefallen schuldig bist?"
„Dann um elf Uhr?"
„Dann um elf."
Na gut, den Freitagabend mit einem Toten zu verbringen, ist wirklich ziemlich deprimierend. Dennoch habe ich Angst, Andreas über den Weg zu laufen. Aber freitags geht er eigentlich nicht aus und das *Sloppy* ist nicht unbedingt seine Art von Laden.
Also bleibt mir eine knappe Stunde, um mich mit Seife, Gel und Abdeckstift einigermaßen zu restaurieren. Vielleicht wird es ja ganz nett. Einfach entspannt mit Jonas ein Bier trinken. Morgen ist dann aber mal wieder Sport angesagt, sonst muss ich mir im Sommer eine neue Badehose kaufen und zwar zwei Nummern größer.
Ich krame meine Winterjacke aus dem Kleiderschrank heraus, werfe einen Blick in den Spiegel, bewerte die Optik als mittelprächtig und stecke die nötigen Utensilien ein. Handy, Schlüssel, Monatsticket, Zigaretten, Feuerzeug und Geld. Aber von wegen, absolute Ebbe im Portemonnaie, nachdem ich die heute abgehobenen fünfzig Euro in Süßigkeiten, Alkohol, Zigaretten und eine elektrische Saftpresse investiert habe. Also stecke ich meine EC-Karte ein und verlasse die Wohnung.
Am Freitagabend S-Bahn zu fahren ist immer etwas gruselig, vor allem, wenn man seine EC-Karte lose in der Jackentasche stecken hat. Grölende Jugendliche, über den Boden rollende Bierflaschen und die Angst, gleich mit einem Messer bedroht zu werden. Den Abend mit einem Toten zu verbringen ist das eine, am Abend ein Toter zu werden etwas völlig anderes.
Zum Glück komme ich unbeschadet an. Ich habe mich mit Jonas an der S-Bahn-Station verabredet, aber noch ist

von ihm nichts zu sehen. Jetzt bin ich schon wieder als erster da. Vielleicht musste er sich von Normen noch ein T-Shirt leihen, weil seines gerade in der Wäsche ist.

„Steffen."

Ich drehe mich um und sehe Jonas um die Ecke biegen. Nein. Das hätte ich mir ja denken können. Normen im Schlepptau. Ich kann mir schon denken, wie das gelaufen ist. „Ach, Schatz, lass uns doch mal wieder ausgehen". „Ich weiß nicht." „Ruf doch Steffen an." „Okay, gute Idee." Jetzt bin ich schon potenzielle Abwechslung in der Alltagsplanung eines Pärchens. Großartig.

„Hallo, ihr beiden."

Egal. Lange will ich ja ohnehin nicht bleiben. Um halb eins fährt die letzte Bahn, die werde ich nehmen. Dann habe ich wenigstens die dämliche Saftpresse wieder drin.

Es dauert ein bisschen, bis wir das *Sloppy* finden. Es liegt versteckt im Keller eines baufälligen Hauses und eine kleine Treppe führt runter zur Eingangstür. Wir müssen uns auf den Stufen ein bisschen bücken, um nicht mit dem Kopf anzustoßen. Was für ein Auftritt. Alle aufgepasst, drei Anwärter auf die Rolle des Glöckners von Notre Dame kommen zur Tür herein. Aber es ist so verraucht und dunkel hier unten, dass man ohnehin nicht weiter als zwei, drei Meter sehen kann. Hinter einer kleinen Bar stehen zwei Typen in weißen Unterhemden und mir fällt sofort das Schild hinter dem Tresen auf, auf dem steht, ein Bier für einen Euro fünfzig. Das Paradies liegt also unter der Erde.

Wir gehen an die Bar und Jonas bestellt drei Bier. Bei diesen Preisen ein leichtes Unterfangen.

Überhaupt ist es wirklich nett, so wie auf einer spontanen Privatparty.

Es dauert nicht lange, bis es sich im *Sloppy* füllt. Viele gehen direkt an der Bar vorbei in einen Hinterraum, der vollgestopft ist mit Tischen und alten, durchgesessenen Sofas, die ganz knapp dem Schicksal des Sperrmülls entgangen sein müssen. Ein Mekka für Studenten und diejenigen, die sich gerne mit ihnen umgeben. Da stehen wir also. Jonas, Normen, ich und die drei Bier.

Der ersten Runde folgt schnell die zweite, und als ich einen Blick auf die Uhr werfe, staune ich nicht schlecht, denn meine letzte Bahn ist vor fünf Minuten abgefahren.

„Ist was?"

„Ach, ich wollte doch die letzte Bahn nach Hause nehmen."

„Was? Du und Bahn fahren?"

„Jetzt ist sie ja ohnehin weg."

„Dann noch ein Bier?"

„Okay."

Na ja, dann nehme ich mir nach dem Bier eben ein Taxi, das hätte ich ja wahrscheinlich sowieso getan. Ich stecke meine Hand in die Hosentasche, aber da ist nichts. Gefährlicher Stich in der Magengegend. Wo ist mein Geld? Aber da fällt mir ein, dass ich ja gar kein Geld mitgenommen und vergessen habe zur Bank zu gehen. Dann leihe ich mir einfach Geld von Jonas. Aber wo ist meine EC-Karte überhaupt? Noch ein schlimmerer Stich zwischen Leber und Milz. Die habe ich in meiner Jacke, die mutterseelenallein über einem Hocker hängt.

Als ich vor der Bar stehe, sehe ich, dass meine Jacke zwar noch über dem Hocker hängt, aber jemand dort Platz genommen hat. Nichts wie hin.

„Du sitzt auf meiner EC-Karte."

„Darf ich sie benutzen?"

„Natürlich. Gerne."

Dieses Mal hat das Rumoren in der Bauchgegend andere Gründe. Plötzlich merke ich, wie ich ihn anstarre. Ich wende mich ab und gehe wieder zu Jonas und Normen, die sich gerade mit jemandem unterhalten.

„Steffen, das ist Tilmar."

Tilmar ist ein Freund von Normen, den er irgendwo irgendwann kennengelernt hat. Ich habe kaum zugehört. Der Typ auf dem Hocker ist noch da, sitzt ruhig auf meiner Jacke und unterhält sich mit jemandem an der Bar. Er sieht absolut umwerfend aus. Kurze, schwarze Haare, ein breites Kreuz und ein tolles Lächeln. Eine Mischung aus Robbie Williams, Michael Phelps und Ewan McGregor.

„Steffen!", sagt Jonas und lächelt mich in seiner Kinderschokolade-Manier an.

„Was?"

„Der ist doch total süß, oder?"

„Mehr als das."

„Das habe ich mir doch gleich gedacht. Normen war ja zuerst dagegen, aber ich hatte das irgendwie im Gefühl."

„Was?"

„Na, Tilmar. Ich hatte gleich das Gefühl, das könnte passen."

Warum haben Freunde immer das Gefühl, einen verkuppeln zu müssen? Nur weil ich Single bin, bin ich kein unfertiges Baugerüst, zu dessen komplettiertem Glück nur noch der passende Architekt fehlt. Und ausgerechnet Jonas, der über Jahre noch nicht einmal eine Baugenehmigung vorweisen konnte.

„Entschuldige mich."

Ich steuere auf die Bar zu und hoffe, dass mir, wenn ich dort ankomme, einfällt, was ich sagen könnte.

„Ein Bier bitte."

Das war jedenfalls schon mal nichts. Anstatt ihn anzusprechen, habe ich mich lieber dem Barkeeper zugewandt. Da fällt mir ein, dass ich gar kein Geld dabei habe. Mist. Schnell zurück zu Jonas und Geld leihen.

„Zwei."

Der Typ hat sich zu mir gedreht und grinst mich an. Ich weiß nicht, was ich sagen soll, und stehe da wie ein pubertierender Teenager.

Er bezahlt die zwei Bier und wendet sich wieder seinem Freund auf der anderen Seite zu. Was soll ich denn jetzt machen? Wenn ich jetzt wieder zu den anderen gehe, traue ich mich doch im Leben nicht wieder hierher.

„Danke."

Das war ja tief in die Trickkiste gegriffen, Steffen. Hut ab.

„Was?"

„Danke für das Bier."

„Lass mal, das Geld habe ich eben von deinem Konto abgehoben."

„Hast du mir auch gleich die Kontoauszüge mitgebracht? Dann muss ich das morgen nicht erledigen."

Er lacht. Er lacht mich an. Mich und scheinbar den ganzen Raum. Er strahlt etwas unheimlich Freundliches aus wie ein Pfadfinder, der nebenbei modelt.

Sein Name ist Lukas, und nachdem wir uns zehn Minuten unterhalten haben, wird mir klar, dass ich schon längst mitten im Spiel bin und auf der Suche nach Mister X klar in Führung liege.

„Steffen?", sagt Jonas und steht etwas verunsichert vor mir.

„Ja?"

„Kommst du noch mit in die *West-Bar*?"

Ich sehe Jonas an und muss fast lachen. Wie kann er so eine dumme Frage stellen?

„Nein, lass mal."

„Dann bleibst du noch hier?"

Ich sehe Lukas an, der gerade noch ein Bier bestellt, und nicke Jonas zu.

„Na gut, dann mach's mal gut."

„Warte, sag mal, kannst du mir zwanzig Euro leihen?"

„Klar."

Jonas gibt mir einen Zwanzigeuroschein und einen kurzen Kuss auf die Wange, dann verschwindet er mit Normen und Tilmar, der sichtlich irritiert dreinschaut, aus der Tür.

„Gehen deine Freunde schon?“
„Ja.“
„Wir wollen auch gleich los.“
„Oh, wirklich?“
„Ja, rüber in die *West-Bar*.“
„Ach ja? Super, da war ich schon ewig nicht mehr.“
„Dann komm doch einfach mit.“
„Gerne.“
„Wir warten nur noch auf meinen Freund.“
Nein! Nein, nein, nein! Bitte nicht. Nicht schon wieder.
„Ach so.“
Ich muss aussehen wie ein deprimiertes Eichhörnchen. Das kann nicht wahr sein! Das kann einfach nicht wahr sein! Sind denn wirklich alle guten Männer schon vergeben oder heterosexuell? Und schon ist meine Spielfigur vom Spielbrett gefallen und Mister X unerkannt im Nirgendwo untergetaucht. Da stimmt doch etwas mit den Regeln nicht.
„Da ist er ja schon“, sagt Lukas.
Ich drehe mich um, um einen Blick auf Lukas' Freund zu werfen und mir für heute den Rest zu geben.
Jetzt ein Schnappschuss bitte. Das Foto würde haushoch den Wettbewerb der bescheuertsten Gesichtsausdrücke gewinnen. Mein Mund muss meterweit offen stehen.
Er kommt auf uns zu und nimmt Lukas' Hand.
Es ist Tim. Das herzlose Pferdegebiss.
„Hallo, Schatz.“
„Hi.“
Ich sitze immer noch da wie eine Litfasssäule. Wahrscheinlich kreidebleich. Schnaps, Tequila, eine Tarnkappe, irgendwas bitte.
„Ach so, Tim, das ist Steffen. Wir haben uns gerade …“
Tim dreht sich zu mir und sieht mir in die Augen, was bei ihrem momentanen, aufgerissenen Zustand eine leichte Übung ist.

„He, Steffen, ich habe dich ja gar nicht erkannt. Wie geht's?"
„Ach, ihr kennt euch?"
„Na klar."

Mama, Papa, Ball. Das funktioniert. Auch als ich mich heimlich in den Arm kneife, bin ich immer noch nicht zu Hause in meinem Bett. Ich sitze hier im *Sloppy*, zweifellos.

„Steffen, kommst du auch noch mit rüber in die *West-Bar* oder wie?", fragt Tim.

„Ich … äh … ach!"

„Ach, komm schon, da ist heute Jubiläumsparty und der Eintritt ist frei."

„Ich …"

„Ja?"

„… muss mal aufs Klo."

Ob ich mich übergeben muss, weiß ich noch nicht, Hauptsache, erst mal weg hier. Ich stürme in die Toilette, finde eine freie Kabine und setzte mich auf den heruntergeklappten Klodeckel.

Es ist kein Traum. Aber das kann auch nicht die Realität sein. Tim kann nicht der Freund von Lukas sein. Das geht nicht. Was läuft hier eigentlich gerade? Ist mein Leben die geschmacklose Wiederaufnahme der *Truman Show*?

Wie vertraut sie sich geküsst haben, wie selbstverständlich. Ich verstehe überhaupt nichts mehr.

Tim soll Lukas' Freund sein? Tim und Lukas? Aber was ist mit Andreas? Andreas und Tim?

Ich muss hier ganz schnell raus, so viel steht fest. Aber als ich aufstehe, wird mir klar, dass ich, wenn ich jetzt einfach gehe, die nächsten Wochen in einem überdimensionalen Gedankenwirrwarr verbringen werde. Nein, ich muss Tim fragen. Ich muss endlich wissen, was eigentlich los ist. Ich muss endlich mit dieser Geschichte abschließen, sonst drehe ich früher oder später durch.

Aber als ich die Tür öffne und auf die Bar zusteuere, ist nichts mehr von Tim und Lukas zu sehen. Ob sie schon gegangen sind? Mist.

Ich gehe in den Raum mit den alten Sofas, lasse meinen Blick in die Runde schweifen und tatsächlich entdecke ich Lukas hinter einem alten Kickertisch. Tim steht hinter ihm und unterhält sich mit …

Raus. Weg. Ganz schnell.

„Entschuldigung."

Ich drängle mich durch die Gäste und steuere auf die Bar zu. Verdammt, wo ist meine Jacke?

Ich drehe mich um und gehe zu Lukas. Nur Lukas ansehen, Steffen. Nicht ihn, sieh ihn nicht an.

„Meine Jacke", sage ich zu Lukas.

„Ja, ich habe sie mitgenommen, weil …"

„Gib her!"

„Aber …"

„Gib mir meine Jacke!"

Die Leute drehen sich nach mir um, kein Wunder, denn ich war lauter als geplant.

Lukas gibt mir verblüfft meine Jacke und ich renne auf den Ausgang zu. Nicht umdrehen, nur raus.

„Steffen, warte!"

Nicht umdrehen.

Ich stoße die Tür auf und schlage auf der ersten Stufe mit dem Kopf an die Decke. Verdammt. Treppe hoch. Bitte lass ein Taxi vor der Tür stehen. Bitte.

Nichts. Kein Taxi weit und breit. Wäre ich bloß mit der Bahn gefahren, wäre ich bloß zu Hause geblieben.

„Steffen!"

Jetzt ist es zu spät. Da steht er. Hinter mir. Er steht hinter mir, hält meinen Arm fest und da ist nichts, wohinter ich mich verstecken könnte.

Niemand wird mir jetzt sagen, was ich tun soll. Ich könnte mich losreißen und einfach wegrennen. Könnte mich umdrehen, ihm sagen, dass ich nicht mit ihm sprechen will, nicht hören möchte, was er mir zu sagen hat. Aber beides wäre falsch. Nicht ihm gegenüber, sondern mir gegenüber.

„Steffen, wir müssen miteinander reden."

Ich drehe mich um. Ganz langsam drehe ich mich um und sehe ihn an. Da steht er vor mir. Er, der mein Leben in den letzten Wochen so bestimmt hat, es völlig auseinandergenommen hat. Er sieht ängstlich aus. Wie ein Kind. So habe ich ihn noch nie gesehen. Ich sage nichts. Kann nichts sagen. Sehe ihn einfach nur an.

„Wollen wir ein bisschen gehen?"

Ich nicke und wir machen einige Schritte, ohne zu sprechen. Seite an Seite gehen wir durch die Nacht. Was wird jetzt passieren? Was wird er sagen?

„Ich hätte gar nicht gedacht, dass du in diesen Laden gehst."

Seine Stimme klingt dünn. Ich antworte ihm nicht.

„Tim und Lukas haben mir erzählt, dass ihr euch unterhalten habt. Was denkst du jetzt?"

„Nichts."

Andreas hält an. Er umfasst meine Schultern und dreht mich zu sich um, sieht mich an, dann senkt er den Kopf.

„Bitte sprich mit mir. Sag mir, was du denkst. Bitte."

„Ich weiß nicht, was ich denken soll, schon lange nicht mehr."

Andreas fängt an zu weinen. Ganz leise rollen die Tränen über sein Gesicht. Ganz still steht er vor mir.

„Das tut mir alles so leid. Ich wollte das nicht. Ich wünschte …"

„Was?"

„Ich wünschte, das wäre nicht so zwischen uns. Ich habe einen riesigen Fehler gemacht. Ich …"

„Was?“

„Ich … es tut mir so leid, aber ich, ich meine … du fehlst mir so. Du fehlst mir so unendlich. Jeden Tag denke ich an dich und jeden Tag wünsche ich mir, dass ich das alles rückgängig machen könnte, aber dafür ist es zu spät, das weiß ich.“

Er macht ein paar Schritte zurück und lehnt sich an eine Häuserwand. Mit seinem Handrücken wischt er sich über die Augen.

„Als ich dich vor ein paar Monaten im *Stern* mit diesem Typen gesehen habe, hat mich das so umgehauen. Warum, weiß ich auch nicht. Ich glaube, ich hatte wohl immer noch das Gefühl, dass sich das zwischen uns wieder einrenkt. Irgendwann. Dass du eines Tages zu mir zurückkommst. Bescheuert, nach so langer Zeit, ich weiß. Aber als ich dich mit ihm gesehen habe, wie ihr euch geküsst habt, da wusste ich, dass du … ach verdammt.“

Sein ganzer Körper zittert. Er steht da an der Häuserwand, zittert und weint.

„Und als du dann auf mich zugekommen bist, habe ich einfach gesagt, dass ich mit Tim zusammen bin … ich weiß nicht, warum, aber ich war so verletzt, ich glaube, ich wollte da irgendwie mithalten. Ich meine, wir, Tim und ich, sind doch nur befreundet, nur so. Und dann war mein Schlüssel im Briefkasten, da wollte ich dich anrufen, aber ich hab's nicht geschafft, ich konnte es nicht und dann war es irgendwann einfach zu spät. Und dann noch die Sauna … du musst mich wirklich für das Letzte halten, oder? Es tut mir so leid.“

In meinem Kopf laufen die letzten Wochen wie ein alter Schwarzweißfilm ab. Andreas sieht mich an. Und es ist so, als ob auch ich mich von außen sehen würde. Ich stehe da, gehe auf ihn zu und nehme seine Hände in meine. Vielleicht ist das ein neuer Anfang. Ein besserer neuer Anfang. Vielleicht können wir hier und jetzt ganz neu beginnen und alles vergessen, was war. Ein Teil von mir schwimmt mit dieser Zukunftsvision auf und davon, aber trotzdem bin ich noch hier. Der andere Teil von mir steht immer noch vor Andreas, der meine Hände fest umklammert. Und dieser Teil von mir weiß, dass es dafür zu spät ist, zu spät, um noch einmal von vorne anzufangen. Dieser Teil weiß, dass diese verqueren letzten Wochen heute, genau in diesem Moment, ihren Sinn erfüllt haben. In diesem Moment wird mir klar, dass ich endlich über Andreas hinweg bin.

„Ja, mir auch."

Kapitel 8

„Glückliche Wendung, wenn Aktivität Veränderungen vorantreibt. Mit ungeahnten Kräften ist zu rechnen. Ein Wandel, ein neuer Partner, berufliche Veränderung."

Das Buch des Runenorakels liegt noch aufgeschlagen auf meinem Nachttisch, nachdem ich vor dem Schlafengehen noch einmal meine Weissagung für dieses Jahr gelesen habe. Es las sich ein bisschen missverständlich, aber es hatte letzen Endes doch recht. Ein Wandel, ja einen Wandel hat es gestern im *Sloppy* gegeben. Für mich und sicher auch für Andreas, und irgendwie schienen wir beide darüber froh zu sein. So oder so. Es ist endlich vorbei. Seit gestern endgültig vorbei. Und manchmal ist das das schönste Gefühl der Welt.

Ich habe mich von ihm verabschiedet und dann bin ich gegangen. Circa eine Stunde zu Fuß zu mir nach Hause. Und während dessen ist mir klar geworden, dass ich das Richtige getan habe, ich habe ihn einfach gelassen. Nichts versucht, nur gelassen, und die Gegenwart hat ihre Liaison mit der Vergangenheit endlich beendet.

Wenn einige Zeit vergangen ist, wird sich die Vergangenheit daran gewöhnen und wieder zu einer schönen Erinnerung werden. Eine Erinnerung, die Andreas gestern für mich auf Kosten der Zukunft gerettet hat, und dafür bin ich ihm dankbar. Noch nicht ganz, aber das werde ich später sein. Er wird mein erster Freund bleiben, an den ich in einigen Jahren nur noch mit guten Gefühlen zurückdenken kann. Und auch ich habe ihm die Chance dazu gegeben. Ich habe ihm die Möglichkeit gegeben, daraus zu lernen, so wie ich aus diesen letzten Wochen und dieser Lüge, die alles nach dem Schneeballprinzip durcheinander gebracht hat, lernen werde, und wer weiß, vielleicht ist es das, worauf es ankommt.

„Auerbach."

„Schätzchen, hier ist Christian."

„Hi."

„Was machst du gerade?"

„Ach, nur ein bisschen fernsehen."

„Sehr schön, entspann dich mal schön, bevor es heute wieder mal gehobenes Vorglühen heißt. Bist du dabei?"

„Aber selbstverständlich."

„Glänzend. So gegen 22 Uhr. Und sei pünktlich, es werden Mojitos gereicht."

„Na dann."

„Wunderbar, dann bis heute Abend."

„Warte, wollen wir nicht noch einen Kaffee trinken gehen? Ich muss dir was erzählen."

„Schätzchen, ich bitte dich, es ist 18 Uhr."

„Na und?"

„Na und? Ich muss jetzt ins Bad. Das kannst du mir heute Abend erzählen."

„Natürlich. Bis später."

„Ciao ciao."

Es geht also weiter. Einfach so. Alles ist so wie immer, aber eben doch anders. Ich bin anders. Vielleicht ein bisschen reifer, ein bisschen besser. Reifeprozesse sind bei sich selber relativ schwer festzustellen. Aber in jedem Fall geht es mir gut und das ist doch schon viel wert.

Ich öffne meinen Schrank, lege das Buch des Runenorakels in das oberste Regal, als mir das rote Samtsäckchen entgegenfällt und sich sämtliche Runen auf dem Boden verteilen.

Und da liegt es. Unter meinem Tisch. Das X. Das große Unbekannte. Ich hebe es auf und setzte mich mit der Rune und einer Zigarette auf meine Schlafcouch. Ich sitze einfach da, halte es in der Hand und ziehe mit dem Fingernagel des linken Daumens über die eingekerbten Striche, die das X bilden, als mir plötzlich etwas klar wird.

Vielleicht ist man immer auf der Suche. Nach irgendwas oder irgendwem. Nach einem neuen Freund, einer größeren Wohnung, einem besseren Job. Etwas, von dem man glaubt, dass es das Leben besser macht, als es vorher war.

Vielleicht ist es wie damals im Matheunterricht, auf der scheinbar unendlichen Suche nach der richtigen Lösung für die X-Gleichung und womöglich ist das Leben wirklich so kompliziert wie der Lernstoff eines Mathematikleistungskurses.

Aber letzten Endes ist es so. Wenn man weiß, dass eins und eins zwei ergibt, dass mindestens noch hunderttausend andere schwule Männer in dieser Stadt leben und dass man für ein paar Euro zwei Drinks, eine Schachtel Zigaretten und obendrein noch verdammt viel Spaß bekommt, kann man das Suchen, zumindest für einen Abend, getrost vergessen.